Tango Global   Band 1

Tango Global
Herausgegeben von Ralf Sartori

TANGO GLOBAL

Die Buchreihe zu einem weltweiten Phänomen

Herausgegeben von Ralf Sartori

Band 1

Lokale Themen-Schwerpunkte

Tango in Berlin – Geschichten zur Pionierzeit
und
Tango am Rio de la Plata / Buenos Aires und Montevideo

Allitera Verlag

Weitere Informationen über den Verlag und sein Programm unter:
www.allitera.de

sowie zur Tangoreihe unter www.tango-a-la-carte.de

Dezember 2014
Allitera Verlag
Ein Verlag der Buch&media GmbH, München
© 2014 Buch&media GmbH, München
Umschlaggestaltung unter Verwendung eines Bilds von Harald Keller (U1) und Julia Otto (U4)
ISSN 2363-8095
ISBN 978-3-86906-698-1
Printed in Germany

INHALT

Tango am Rio de la Plata

Tango in Berlin
Die Gründerzeit – Teil I

Tango in Asien

Impressionen, Reflexionen und Erzählerisches

Tango im Dokumentar- und Spielfilm

Tango in der sozialtherapeutischen Arbeit

Redaktion und Herausgabe
sowie das Verzeichnis aller Text- und BildautorInnen

Paulina van Bakel und Michael Rühl 2014 im Stern-Foyer der Berliner Volksbühne   *Photo: Harald Keller*

Vorwort

Als Botschafter der Argentinischen Republik in Deutschland freue ich mich über die Möglichkeit, ein Vorwort zu diesem Buch über den Tango in Berlin von dem Schriftsteller, Tänzer und Tangolehrer Ralf Sartori, einem der Pioniere der Tango-Szene in Deutschland und Autor zahlreicher Publikationen über unsere Stadtmusik, schreiben zu dürfen.

Diese neue Veröffentlichung konzentriert sich auf die Geschichte, die Entwicklung und die Gegenwart des Tangolebens in Berlin, das mit seinen mehr als 20 Milongas als zweite Tangohauptstadt nach Buenos Aires angesehen wird.

Dies wird der erste Band einer Trilogie zu diesem Thema sein, innerhalb der ersten Tango-Buchreihe in deutscher Sprache.

Meiner Meinung nach war es Enrique Santos Discépolo, einer der großen Komponisten unserer Volksmusik, der in wenigen Worten exakt den Tango definierte: »...ein trauriger Gedanke, den man tanzen kann.«

Wir Argentinier sind stolz, wenn vom Tango gesprochen wird. Dieses Phänomen aus der Hafenvorstadt, das städtisch und dann in die Welt projiziert wurde, ist heute eine unserer besten Visitenkarten.

Es ist eine Musik, die für die Gelehrten in ihren Anfängen eine Mischung aus einheimischen und ausländischen Rhythmen war: die Choreographie der Milonga, der Rhythmus des Candombe und die Kraft der Habanera.

Als Volksmusik par excellence spricht der Tango von der Liebe, der Einsamkeit, dem Tod, der Lüge, dem Liebesbetrug, aber auch von der Hoffnung.

Der Tango war auch Anlaß für die Verbindung zwischen unseren beiden größten Schriftstellern, Jorge Luis Borges und Ernesto Sábato. Einmal schrieb Sábato an Borges: »... Ihre Verse halfen mir, melancholische Schönheiten von Buenos Aires zu entdecken: in alten Straßen der Stadtviertel, an Gittern und Zisternen, bis hin zum einfachen Zauber, der nachmittags bei irgendeinem Rinnsal außerhalb auszumachen ist ...«

Die Stimme des Bandoneons vermischt sich heute mit elektronischen Klängen, ohne seine Eigenart zu verlieren, durch die es unsere Grenzen überschreiten und nach Europa, und dann in die übrige Welt gelangen konnte.

Vielleicht ist es das, was es möglich macht, daß der Tango nichts an Aktualität verliert und dazu führt, daß in Deutschland nicht nur die Milongas, sondern auch die Konzerte, die Festivals, die Kunstausstellungen und die Filme über Tango zunehmen, viele davon mit Unterstützung der argentinischen Botschaft.

Für den Dichter Horacio Ferrer ist der Tango »... eine Kultur innerhalb der Kultur des Rio de la Plata: Es ist eine Kultur in sich selbst und eine Kultur sehr des 20. Jahrhunderts mit ihrem Universum, ihren Milieus, ihren Codes, ihrer Körpersprache, ihrer Kleidung, ihren Gesten, ihrer Sprache, ihrem Vokabularium, ihren Themen, ihren Künsten, ihrem Ritual und ihrer Geschichte«.

Ich begrüße mit Freude diese neue Veröffentlichung von Ralf Sartori, dem ich danke und meinen Glückwunsch zu seiner Arbeit ausspreche, die sicher dazu führen wird, daß weitere Deutsche sich den Tausenden Tangobegeisterten mit ebenso viel Leidenschaft anschließen.

S. E. Daniel Adán Dziewezo Polski,
Botschafter der Argentinischen Republik in Deutschland

Einführung

Wozu eine Buchreihe über den Tango vom Rio de la Plata?

Tango *Rioplatense,* ein synonymer Begriff zu »Tango Argentino«, welcher die Mit-Urheberschaft Uruguays bzw. Montevideos an diesem Phänomen würdigt, hat sich in nur drei Jahrzehnten von Mitte der 1980er Jahre an quer durch alle Kulturkreise über den ganzen Globus verbreitet.

Auslöser dafür waren die Militär-Putsche in Argentinien, Uruguay und Chile Ende der 1970er Jahre, die dort viele Menschen vor allem nach Europa und in die USA ins Exil trieben und die dann in Rückbesinnung auf die eigenen Wurzeln nach und nach begonnen hatten, sich mit dem Tango zu beschäftigen, der in diesen Ländern, hauptsächlich den ersten beiden, fest zur kulturellen Identität gehört, insbesondere in den Städten.

Dabei hängen Tango und Emigration bzw. Exil, Vertreibung oder gar Verschleppung schon seit dessen Anfängen am Rio de la Plata Mitte des 19. Jahrhunderts untrennbar zusammen. Krisen, all die tiefgreifenden und einschneidenden Existenz-Erfahrungen wie Entwurzelung und Heimweh, aufgrund von Auswanderung und erheblichen gesellschaftlich-wirtschaftlichen Umwälzungen, Abschied und Aufbruch zu neuen Ufern, Hoffnung und Scheitern, Begegnung und Trennung, Einsamkeit und menschliche Bezogenheiten stehen nicht von Ungefähr im Zentrum des Themen-Kanons seiner Texte.

In der Frühzeit des Tango war diese Kultur stark von afrikanischen Einflüssen geprägt. (Mitte des 19. Jahrhunderts hatte Buenos Aires einen schwarzafrikanischen Bevölkerungsanteil von mehr als 50 Prozent, der sich aus Nachfahren ehemaliger Sklaven zusammensetzte, wie der Pianist und Musik-Ethnologe Juan Carlos Caceres im Dokumentarfilm »Tango Negro, Les Racines africaines du Tango« des Filmemachers Dom Pedro überzeugend darlegt.)

Waren es darauffolgend, im ausgehenden 19. und beginnenden 20. Jahrhundert dann überwiegend europäische Emigranten, die versuchten, sich am Rio de la Plata anzusiedeln, aus deren Umfeld sich der Tango dort weiter veränderte und -entwickelte, fand jene Wanderungsbewegung nun, mehr als hundert Jahre später, genau in umgekehrter Richtung statt. Doch besagte Befindlichkeiten und Erfahrungen, denen der Tango bereits von Geburt an verbunden war, dürften, bei allen historischen, ethnischen und milieubedingten Unterschiedlichkeiten, durchaus *allen* Seiten gemeinsam gewesen sein. Ein weiterer Grund also, daß sich die politischen Flüchtlinge in den 1970er Jahren wieder dieser Kultur zuwandten, manche unter ihnen auch beruflich, wie Juan Dietrich Lange aus Montevideo, der den Tango als Tanz maßgeblich nach Berlin brachte.

Etwa zeitgleich zu dieser Entwicklung, Mitte der 1980er Jahre, berührte die weltweit gastierende Show »Tango Argentino« mit ihrer Musik und dem Tanz eine enorme Zahl an Menschen in so profunder Weise, daß, auch durch sie mit angestoßen, das Interesse am Tango in Europa, Japan und den USA bis zum heutigen Zeitpunkt nicht mehr zum Erliegen kam.

Die Show war schon von Beginn an so erfolgreich, daß die Truppe sieben Jahre lang durch die ganze Welt tourte. Sie wurde 1983 in Paris von Claudio Segovia und Héctor Orezzoli für das Festival d'Automne produziert. Einige der renommiertesten Tangotänzer der damaligen Zeit, wie Juan Carlos Copes und Maria Nieves, Mayoral und Elsa Maria (von denen an späterer Stelle in den Beiträgen von Juan Dietrich Lange noch zu lesen sein wird), Gloria und Eduardo, Monica und Luciano, Nélida und Nelson, Norma und Luis Pereyra sowie Virulazo und Elvira gehörten zum Ensemble. Die Musik dazu spielte das Sexteto Mayor. Damit war zum ersten Mal seit dem Zweiten Weltkrieg wieder eine authentische, nicht folkloristische Tangoaufführung außerhalb Argentiniens zu erleben.

Als Nachfolgeprojekt in Europa startete die Show »Tango Pasión« mit den gleichen Musikern und mit ähnlichem Erfolg. In den USA entstand die Produktion »Forever Tango« von Luis Bravo. 1999 wurde Tango Argentino noch einmal für zwei Monate am Broadway gespielt und 2010 in Buenos Aires am Obelisk im Rahmen eines Festivals aufgeführt.

Doch brachten die meisten Tänzer dieser renommierten *Nachfolge*-Shows von Tango Argentino, Tango Pasión und Forever Tango zwar eine solide Ausbildung in den Bereichen der argentinischen Folklore mit, nicht jedoch im Tango als Tanz, obwohl sie diesen auf der Bühne präsentierten. Denn sie gehörten bereits einer anderen Generation an, von der die meisten zwar noch mit Tango aufgewachsen sind, den man aber eher mit den Eltern und Großeltern verbunden hatte und selbst nicht tanzte. Das änderte sich erst, als der Tango weltweit wieder an Popularität gewann und damit auch am Rio de la Plata eine Renaissance erfuhr.

Das so einmal geweckte Interesse an diesem Phänomen nimmt seitdem global mit steigender Tendenz zu. Nicht zuletzt, da der Tango sich über all die Zeit hinweg immer ungehindert ohne jede kapitalistische Einflußnahme aus dem Volk direkt entwickeln und lebendig weiter verändern konnte, als dessen ur-eigenes Ausdrucksmittel, welches das Lebensgefühl der jeweiligen Milieus von Anfang an unendlich nuancenreich widerspiegelte. Der Tango traf viele von uns in Europa tief im Kern, weil wir spürten, daß er echte Nahrung bietet, oft entbehrt, kein Marketing-gestyltes Kunstprodukt. Und er ist Weltmusik im eigentlichen Sinne, da er bereits in seiner Wiege in den Armutsvierteln der Einwanderer ein Produkt globaler Kultur-Fusion war und bis in die Gegenwart hinein immer noch neue Einflüsse integriert. Er hat uns auch heute noch etwas zu sagen, weil wir uns davon, egal wo wir leben und in welcher Kultur wir verankert sind, aus unserem *eigenen* Hintergrund heraus angesprochen fühlen können, und das mit einer musikalischen, textlichen und tänzerischen Essenz, die universal ist. Denn der Tango rührt zutiefst in gefühlvoller *und* reflektierender Weise an die Grund-Themen des Lebens, so wie es große Literatur vermag und jede andere große Musik oder das Theater. Nur, daß *er* diese drei Bereich eint und sie in dieser Einheit auch noch mit dem Tanz verbindet, der ein offenes, also nicht festgeschriebenes autopoietisches Kommunikationssystem darstellt, auf der Grundlage reiner Improvisation, im kreativen Spannungsfeld wechselnder Begegnungen, auch zwischen den Kulturen.

Kein Wunder also, daß er im Sturm die Menschen weltweit begeisterte und den Wunsch weckte, diesen immer weiter weckt, sich angesichts eines Gegenübers, in diesem unendlichen künstlerischen Terrain auszudrücken, sich selbst neu zu entdecken und zu verwirklichen, weit über den Tanz als solchen hinaus. Allein im deutschsprachigen Raum ist von Ende der 1980er Jahre an eine völlig unüberschaubare Zahl städtischer wie ländlicher Tango-Szenen entstanden.

Dabei ist zu beobachten, daß dieses massive Eindringen des Tango in die verschiedensten Milieus hinein, vor deren unterschiedlichen Interessens- und Bedürfnislagen, auch an dessen Gesamt-Kultur – in Musik, Tanz und in den Formen seiner festlichen Zusammenkünfte – nicht spurlos vorübergegangen ist.

Und schon seit längerem läßt sich neben diesem für den Tango auch bereits in seiner Frühgeschichte typischen Prozeß der Verschmelzung mit anderen Kulturen, eine zunehmende Tendenz zum bewußten und gezielt gesteuerten experimentellen Fusionieren erkennen: einerseits mit anderen Kunstformen wie jenen des Tanzes, der Musik, der Literatur und Text-Dichtung, ganzheitlicher und umfassender Lebens-Philosophie, mit Bereichen der Bildenden Kunst, daher andererseits auch mit bisher eher tango-untypischen Medien, Szenen und Umfeldern. Zu nennen wären hier beispielsweise psycho-, kunst- und paartherapeutische Arbeit, soziale wie sozialtherapeutische Projekte etc.

Aus diesem Grund ist er längst auch Gegenstand wissenschaftlicher Forschung und Studien in den Bereichen Geschichte, Psychologie, Soziologie, Medizin und kulturenübergreifender ethnologischer Forschung geworden.

Da sich das Phänomen »Tango« stets in Bewegung und Veränderung durch Dialog und Austausch befindet, zwischen Menschen und Kulturen, mit weiteren Begegnungs- und Ausdrucksfeldern, stellt eine Buchreihe, die wie ein Fluß den Tango in seiner nach innen und außen geleiteten Bewegung von Band zu Band begleiten kann, das geeignetste Medium dar, um dessen Entwicklungen fortlaufend, weltweit und anhand ausgewählter Beispiele aufzuzeigen.

Dabei öffnen wir den lokalen Schwerpunktfächer vor allem über Europa, von wo aus wir thematische Tangenten zu anderen Kontinenten ziehen, mit besonderem Fokus auf das Mündungsgebiet des Rio de la Plata, mit Montevideo und Buenos Aires. Denn auch in seiner Ursprungsregion wirkt sich die weltweite Tangobegeisterung innerhalb der letzten dreißig Jahre, die seitdem Welle um Welle auf diese zurückwirkt, äußerst belebend und fruchtbar aus und hat viele neue Entwicklungen ebenso in der dortigen Tangokultur angestoßen.

Unseren *Buchfluß* haben wir nun als Reihe mit einem Umfang von etwa 200 Seiten pro Ausgabe angelegt, mit wechselnden Autorenbeiträgen maßgeblicher ProtagonistInnen der internationalen Tango-Szenen. (Die lokalen und inhaltlichen Schwerpunkte fokussieren hierin erst einmal den deutschsprachigen Raum, Deutschland, Österreich und die Schweiz, da die Bände in deutscher Sprache erscheinen. Doch darüber hinaus werden wir regelmäßig, in einem eigens vorgesehenen Kapitel über die Verbreitung und Entwicklung des Tango im asiatischen Raum, mit Schwerpunkt China, berichten.) Alljährlich soll unter diesem Titel eine weitere Ausgabe erscheinen. Umrahmt werden die darin enthaltenen Fachbeiträge durch Essays und persönliche Betrachtungen, subjektiv-literarische Texte in Lyrik und Prosa, die das individuelle Tango-Empfinden von Tänzerinnen und Tänzern aus den verschiedensten Kulturen, auch nach geschlechts- und rollenspezifischen Unterschieden einander gegenübergestellt, spiegeln, künstlerische und illustrative Photographien sowie Zeichnungen, Holzschnitte etc.

Tango in Berlin – Band 1

Der Tango wählte Mitte der 1980er Jahre West-Berlin mit seinem besonderen städtischen Klima in dieser Zeit, um erstmals nach dem 2. Weltkrieg in Europa wieder Fuß zu fassen. Und schon vor dem Mauerfall galt das mittlerweile vereinte Berlin, gleich nach Buenos Aires, als die zweite Welt-Tango-Metropole.

Gute Gründe also, diese Reihe mit einem Band zu eröffnen, der sich in einem eigenen Kapitel ausführlich dem Tango in Berlin, dessen Entwicklung in den letzten 30 Jahren, mit Schwerpunkt auf dessen Pionier- und Anfangszeit widmet.

Band 2, dessen Erscheinen für Ende 2015 vorgesehen ist, knüpft dann an diese Phase an und beschreibt, wie sich der Tango in Berlin weiter ausbreitete, die Szene ihre tänzerische Infrastruktur ausbaute, und läßt natürlich auch neue AutorInnen zu Wort kommen.

Band 3 wird schließlich die Schwerpunkt-Trilogie *Berliner Tango* vorwiegend mit Beiträgen zu aktuellen Entwicklungen und Angeboten abrunden. Bei dieser Aufteilung lassen sich jedoch die drei Phasen nicht völlig voneinander abgegrenzt behandeln, da einzelne Artikel thematisch auch weitere zeitliche Spannen umfassen.

So groß und vielschichtig die Berliner Tango-Szene mittlerweile ist, hoffen wir natürlich auf viele weitere interessante AutorInnen, die hierzu noch Themen selbst definieren und bearbeiten möchten. (Die Kontaktdaten der Redaktion finden sich auf S. 178)

Mein eigener Anspruch an diese Arbeit richtet sich bei dieser Zusammenstellung nicht darauf, Sachbücher im klassischen Sinne zu generieren, sondern Buch-Gattungen und Genre-Grenzen spielerisch in einer Weise zu überschreiten, die dem Tango ohnehin von Natur aus entspricht. Dabei werden schlaglichtartig herausragende Momente, Ereignisse und Orte des Tango in Berlin beleuchtet, dazwischen Verbindungen sichtbar, Impressionen und Einblicke in dessen Werdegang durch seine Protagonisten gegeben, deren Lebenswege sich wiederum selbst vom Tango mitgelenkt darstellen – in einer Art Collage.

So wird immer wieder etwas von dem, was den Berliner Tango ausmacht, darin spürbar werden, vor mannigfaltigen persönlichen Hintergründen und aus ganz unterschiedlichen menschlichen Blickwinkeln gespiegelt. Untrennbar davon zeichnet sich in diesem Buch natürlich ebenso die dazu umgekehrte Wirkungsrichtung ab, indem es die inneren und äußeren Prozesse all jener mitbeschreibt, die den Berliner Tango leben und kultivieren. Denn jede Beziehung läßt beide Seiten *aneinander* sichtbar werden.

Doch aus Wertschätzung und Respekt gegenüber den beiden Ursprungs-Metropolen des Tango, Montevideo und Buenos Aires, ist das erste Kapitel dieses Bandes ausschließlich Tango-Themen vorbehalten, die unseren Blick zum Mündungsgebiet des Rio de la Plata führen.

Ralf Sartori

TANGO AM RIO DE LA PLATA

Sol Cerquides und Fernando Gracia

Photo: Gonzalo del Carril

Carlos Perez und Rosa Forte
über die Essenz des Tango

Interview von Ute Neumaier, Buenos Aires

Sonntagabend in Buenos Aires – wie jede Woche haben die zahlreichen Anhänger des »El Floreal« die Distanz vom Stadtkern zu ihrer Lieblingsmilonga im Viertel Villa General Mitre in Kauf genommen. In der kühlen Luft der Klimaanlage drehen Jung und Alt auf nüchternen, schwarz-glänzenden Steinfliesen unter Lichtergirlanden zu klassischen Tangos ihre Runden. An langen Tapeziertischen mit karierten Decken sitzen sie auf weißen Plastikgartenstühlen, essen zwischen den Tandas eine Lasagne und lachen oder unterhalten sich. Vielleicht zieht die Abwesenheit von allzu viel Tangoetikette und diese skurrile Mischung aus Tradition und Moderne allsonntäglich so viele Tangueros an. Heute indessen werden alle Besucherrekorde übertroffen, El Floreal platzt aus den Nähten und das nicht nur, weil ein Filmteam aus Deutschland

Sonntagabend in der Milonga »El Floreal«   *Photo: Fuentes & Fernández*

anwesend ist[1]. Es tanzen Carlos Perez und Rosa Forte, seit 50 Jahren ein Paar und seit fast zwei Jahrzehnten die Organisatoren der berühmten Práctica del »Sunderland«, aus der mehrere Weltmeister des Tango Salon hervorgegangen sind. Carlos und Rosa haben eine immense Fangemeinde und das nicht nur, weil ihr Herz groß genug ist für alle jungen, talentierten, oft mittellosen Argentinier, die von einer Privatstunde mit ihnen nur träumen können und sie dennoch bekommen. Auch ihr Tanz zieht immer wieder die Tangueros von nah und fern in ihren Bann. Niemand will sich das Schauspiel entgehen lassen, wenn Carlos und Rosa trotz der körperlichen Einschränkungen des Alters »ihren« ganz besonderen getragenen und sanften Tango tanzen, in dem es keinen einzigen Moment der Eile gibt und der allen ans Herz geht. Im Interview spricht das trotz seines Erfolgs so bescheiden gebliebene Paar über die Milongas von gestern und heute, darüber, warum sie eine 30jährige Pause eingelegt haben, wie die Rückkehr in die Tangowelt war und warum es ihre Mission ist, dem Tango das zurückzugeben, was sie von ihm bekommen haben.

Ist es nicht unglaublich, wie viele Menschen gekommen sind, um euch tanzen zu sehen und welch tosenden Applaus ihr immer wieder erntet? Ihr seid in der Tangowelt sehr beliebt, nicht wahr?

Rosa Forte und Carlos Perez tanzen im »El Floreal«   *Photo: Fuentes & Fernández*

CARLOS: Ich kann das selbst oft nicht glauben und es bringt mich jedes Mal aus der Fassung. Daß mir so etwas im Alter von 75 noch passiert, ist doch unglaublich! Einmal gab es in Korea eine ähnliche Situation, ich nahm das Mikrophon in die Hand und wollte mich bedanken. Aber ich brachte kein Wort heraus und fing vor lauter Rührung an zu weinen.

ROSA: Ja, es ist unfaßbar, denn man merkt ja auch, daß wir nicht mehr die Jüngsten sind. Aber ich glaube, es hat auch damit zu tun, wie wir als Menschen sind, nicht nur als Lehrer oder Tänzer. Das spüren wir immer wieder, wenn wir mit neuen Schülern zu tun haben. Wenn sie uns kennenlernen, bricht das Eis ganz schnell.

CARLOS: Beliebt sein … das ist so eine Sache. In der Tangowelt kann man nicht nur beliebt sein, vielleicht nirgendwo. Wir sind beliebt, aber auch verhaßt. Deshalb gehe ich selbst gar nicht mehr so gerne in die Milongas, sondern nur noch, wenn unsere Schüler oder wir selbst vortanzen. Die Tango-Szene ist eine ganz besondere Welt, in der es viel Schönes gibt, die aber auch sehr hart sein kann. Weil man Erfolg hat, gibt es Eifersucht und manch einer versucht, deinen Namen in den Schmutz zu ziehen. Das tut weh. Ja, die Tangowelt tut einem manchmal auch weh.

Habt ihr euch deshalb dreißig Jahre lang daraus zurückgezogen?

CARLOS: Der Rückzug war keine bewußte Entscheidung. Einerseits hatte es mit der Entwicklung des Tango zu tun, der in den 40er Jahren seine Blütezeit erlebte, bis 1950 der Boogie nach Argentinien kam und 1955 der Rock 'n' Roll. Als ich 1952 anfing, Tango zu tanzen, war ich einer der letzten Jugendlichen, die dazukamen. Ab 1954 begann der Verfall, bis es 1964 fast keinen Tango mehr gab. Schau dir nur den Titel dieses Plakats an, da heißt es schon: »Gran Fiesta de Rock y de Boogie«. Und es gab nur ein Paar, das Tango tanzte: wir.

Carlos ist gerührt von so viel Applaus

Ein deutsches Fernsehteam filmt den Auftritt von Carlos und Rosa

Photos: Fuentes & Fernández

Carlos zeigt das Plakat von 1958, auf dem er angekündigt wird: »Carlitos und Part-nerin« – und erklärt, daß es damals so üblich war, vom Tanzpaar nur den Mann na-mentlich zu nennen; die Frau war Nebensache.

Aber es gab noch etwas, so eine Art Code: Wenn man heiratete, war es mit dem Tango und der Milonga vorbei, denn das ging einher mit Nachtleben, Frauen und Alkohol. Deshalb verschwanden die Jungs nach der Hochzeit meist von der Bildfläche.

ROSA: Das stimmt doch gar nicht, manche gingen heimlich weitertanzen!

CARLOS: Ja, manche konnten es nicht lassen. Gerardo Portalea[2] bekam psychische Probleme und ging zum Arzt, der ihm Tango verordnete, weil seine Beschwerden seelischer Natur seien. José Lampazo[3] verließ seine Frau mit vier Kindern und ver-lor eine Werkstatt mit einigen Angestellten. Alles gab er für den Tango auf. Fino[4] hatte ein Umzugsunternehmen. Als er 1959 heiratete, tanzte er offiziell nicht mehr, stahl sich aber heimlich davon und drehte seine Tandas.

ROSA: Fanatische Tendenzen hat es immer gegeben, auch heute sieht man zuneh-mend junge und alte Tänzer, die alles für den Tango aufgeben und sich nur noch dem Tanz widmen wollen. Und bei all dieser Aussicht auf Reisen ins Ausland und auf Bühnenauftritte werden es immer mehr. Diejenigen, bei denen es gut läuft, ha-ben Glück. Aber nicht alle schaffen es.

Hat euch der Tango in diesen Jahren nie gefehlt?

ROSA: Nein, mit unserer Hochzeit 1964 begannen wir ein anderes Leben: Mit Freun-den, die keinen Tango tanzten, gingen wir essen, ins Kino und Theater, wir tanzten und hörten Jazz, der in Mode gekommen war. Ich erinnere mich nicht, daß wir in dieser Zeit ein einziges Mal über Tango sprachen.

Carlos zeigt ein Plakat
von einem Auftritt 1958

Rosa und Carlos im
Gespräch zu Hause

*Photos: Fuentes
& Fernández*

CARLOS: Ich hatte eine Druckerei. Da führte ich wirklich ein ganz anderes Leben. Der Tango war kein Thema.

Und wie kam es dann doch zur Rückkehr?

CARLOS: Auch das war keine bewußte Entscheidung. Es hat sich ergeben. 1994 traf ich nach zwölf Jahren José Lampazo auf der Straße wieder. In einer Milonga gab es eine Hommage an ihn und er lud uns ein. Alle waren vertreten: Maria Nieves[5], el Turko José[6], Portalea und Villarazzo[7] etc. Und so fing alles wieder an.

Und dann wurdet ihr nach so einer langen Auszeit gleich Lehrer?

ROSA: Ja, auch das ergab sich, und zwar recht schnell. Ab 1996 unterrichtete Lampazo im Sunderland, und er lud uns ein, ihm beim Unterrichten zu assistieren. Als er krank wurde, vertraten wir ihn. Nach seinem Tod fragte man uns, ob wir seine Stunden übernehmen würden.

CARLOS: 2002 reisten wir zum ersten Mal mit dem Tango ins Ausland. Dort wurde ich krank: Wegen des wirtschaftlichen Zusammenbruchs 2001/02 bekam ich Panikattacken. Als ich im Ausland zur Ruhe kam, zeigte sich mein ganzer Streß. Der Arzt empfahl mir Ruhe und eine Entscheidung, da mir die Druckerei viele Sorgen bereitete. Eine Wahl zwischen Gesundheit und Geld zu treffen war nicht schwer und bald darauf widmete ich mich nur noch dem Tango. Mittlerweile sind es schon fast 20 Jahre.

Ich kann mir kaum vorstellen, daß jemand so lange nicht tanzt und dann gleich unterrichtet. Fiel euch das nicht schwer?

Carlos und Rosa als Verlobte (1961)

Photo: Fundus Carlos Perez

CARLOS: Das Tanzen ist wie Fahrradfahren. Wenn man es einmal kann, verlernt man es nicht. Nur mit zunehmendem Alter wollen die Beine nicht mehr so wie früher. Ganz besonders dann, wenn man nicht mehr 59, sondern 90 Kilo wiegt.
Aber vom Unterrichten hatte ich am Anfang keine Ahnung. Eine Schülerin fragte mich: »Wie verlagere ich das Gewicht?« Ich schaute sie irritiert an. Das Gewicht von was? Früher gab es solche Formulierungen nicht. Ich antwortete schnell: »Wie sonst auch.«

ROSA: Eine Schülerin fragte mich: »Wie soll ich atmen?« Man hatte ihr gesagt, sie solle den Mann mit ihrem Atem umhüllen, wenn sie auf ihn zugeht. Mir fiel keine Antwort ein und ich sagte einfach: »Atme ganz normal.«

CARLOS: Mir hat sehr geholfen, daß ich in den 30 Jahren ein Unternehmen hatte und dabei den Umgang mit Menschen lernte. Als Lehrer hat man oft eine besondere Rolle, denn es ergibt sich eine ganz persönliche Beziehung. Wir werden oft um Rat gefragt, und wissen nicht immer, wie wir reagieren sollen.

Carlos empfiehlt seinen Schülern Haltungsänderungen   Photo: Luciana Carnevale

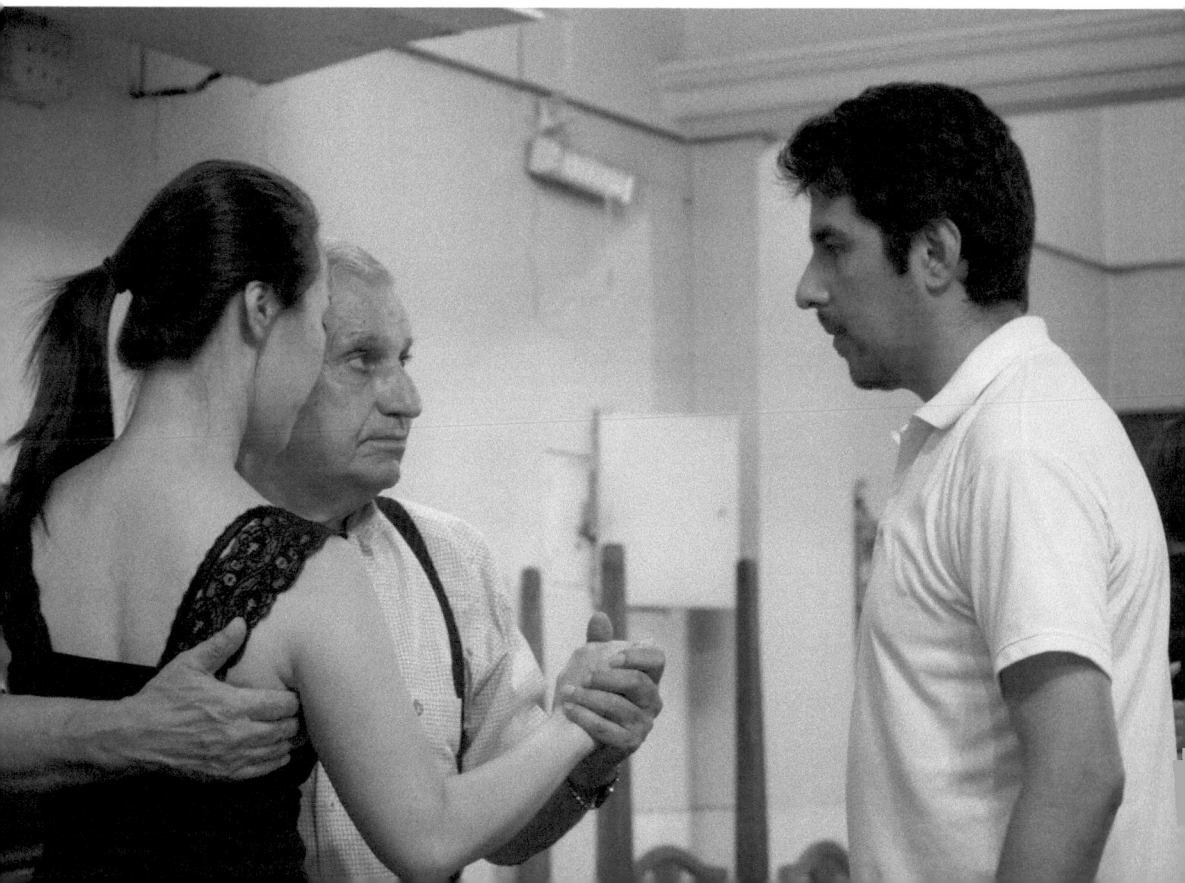

Seit 1996 unterrichtet ihr und leitet die erfolgreiche Práctica Sunderland. Wie kann ich mir euren Unterricht vorstellen?

CARLOS: Es ist kein Unterricht im klassischen Sinne, sondern eine Práctica, die aus zwei Blöcken besteht. In der Technikstunde werden Männer und Frauen getrennt: Die Männer üben das Gehen, hier und da einen Lápiz[8], eine Drehung, und die Frauen gehen vorwärts und rückwärts, machen Ochos und Übungen zum Drehen.

ROSA: Um absolute Anfänger kümmere ich mich separat und bringe ihnen die Grundlagen bei.

CARLOS: Danach beginnt die geführte Práctica. Wir schauen den Paaren beim Tanzen zu, empfehlen Haltungsänderungen und stehen bei Fragen zur Verfügung. So unterrichtete man früher.

ROSA: Aber nicht alle Schüler sind bereit, Empfehlungen anzunehmen. In diesen Fällen sagt Carlos ihnen dreimal das Gleiche. Wenn sie sich dann nicht bemühen, kann man eben nichts machen.

Die Práctica des »Sunderland-Klub«   *Photo: Luciana Carnevale*

Foto: Luciana Carnevale

CARLOS: Nein Rosa, ich sage es nicht dreimal, sondern zehnmal! Das größte Hindernis in der Entwicklung von Schülern ist, wenn sie glauben, daß sie am Ziel sind und nichts mehr dazulernen müssen.

Eure Práctica ist so weit vom Stadtkern entfernt. Dennoch ist sie immer sehr gut besucht, und als Lehrer seid ihr weltweit sehr gefragt. Was ist das Geheimnis eures Erfolgs?

CARLOS: Ein Geheimnis gibt es nicht. Wir hatten talentierte Schüler, die umsetzten, was wir ihnen beibrachten. Und ein Weltmeister zog andere an. Wir machen keine Werbung. Die Menschen kommen nur aufgrund von Mundpropaganda.

ROSA: Wir versuchen, alle gleich zu behandeln und eine gesunde Beziehung untereinander zu fördern. Es herrscht eine familiäre Atmosphäre. Wir versuchen, keine Konkurrenz zu schüren, denn die Schüler, die an der Weltmeisterschaft teilnehmen, haben schon genug damit zu kämpfen. Nach der Práctica bleiben viele noch da, und wir sitzen im Restaurant des Sunderland zusammen. Manche Schüler haben mir

Bereit zum Tanzen im Stil von Villa Urquiza   *Photo: Luciana Carnevale*

gesagt, daß sie in einer Tangokrise zu uns kamen und sich wieder neu in den Tango verliebt haben.

CARLOS: Ja, es geht bei der Práctica nicht nur um Tango. Manche empfinden sie wie eine Familie und kommen über Jahre hinweg immer wieder.

ROSA: Deshalb haben wir auch schon Personen weggeschickt, die nicht gepaßt haben, die sich als Lehrer verkaufen oder nur Frauen kennenlernen wollten.

Und allein durch Empfehlungen zu Haltungsänderungen habt ihr so viele Gewinner der Weltmeisterschaft oder des »Campeonato Metropolitano« von Buenos Aires hervorgebracht?

CARLOS: Nein Ute, du darfst nicht übertreiben. Wir hatten wirklich Glück: 2005 wurde das erste unserer Schülerpaare Weltmeister, Sebastián Achaval & Ximena Galliccio. Seitdem: 2006 Fabian Peralta & Natacha Poberaj, 2007 Dante Sanchez & Ines Muzzapappa, 2008 Daniel Nacucchio & Cristina Sosa, 2009 Hiroshi & Kioko Yamao, 2010 Sebastian Jiménez & Maria Inés Bogado, 2013 Maximilian Christiani

Im »Sunderland-Klub« wird auch die kommunikative Seite des Tango gelebt   *Photo: Luciana Carnevale*

und Jesica Arfefoni und 2014 haben Carlos Boeri und Alison Murray das Campeonato der Stadt von Buenos Aires gewonnen. Die meisten dieser Schüler tanzten schon, als sie zu uns kamen, und sie waren alle sehr begabt. Manchmal reicht es, vier grundlegende Fehler zu korrigieren, und der Tanz wirkt vollkommen anders. Oft fehlt es den Schülern an Präsenz. Deshalb muß ein Tanzpaar auch von außen beurteilt werden. Sich selbst zu filmen und anzuschauen ist wichtig, aber es reicht nicht.

ROSA: Daniel Nacucchio hat mal gesagt, daß Carlos einen Blick für Tanzpaare hat wie kein anderer. Es entgeht ihm nichts.

Welche grundlegenden Fehler kann es bei einem Tanzpaar geben?

CARLOS: Oft sind es banal klingende Details: Füße schließen, ruhig tanzen, nicht rasen. Ein Paar muß auch in Übereinstimmung mit seiner Körpergröße tanzen. Das gilt beispielsweise für Sabrina und Álvaro oder Judita und Enrique: Es gibt Figuren, die sie wegen ihrer Größe nicht tanzen sollten. Wenn sie versuchen, in Bezug auf Beweglichkeit und Virtuosität mit einem flinken, kleinen Paar zu wetteifern, wäre das

Carlos und Rosa bei einem Auftritt im Rahmen der Weltmeisterschaft 2010   *Photo: Fuentes & Fernández*

Carlos hat einen untrüglichen Blick

Photo: Luciana Carnevale

in meinen Augen ein grundlegender Fehler. Sie müssen durch Eleganz bestechen.

ROSA: Wenn der Tanz eines Paars wie eine Pose wirkt, ist es kein Tango mehr.

CARLOS: Deshalb ist unsere Devise: So natürlich wie möglich, so elegant wie möglich und Brust an Brust tanzen. Ein Paar muß ein schöner Anblick sein, und zwar so, daß von hundert Personen neunzig es genauso empfinden.

Es muß etwas geben, das über Glück und Empfehlungen hinausgeht. Ich habe selten Tänzer mit so viel Cadencia[9] gehen und so musikalisch tanzen sehen wie eure Schüler.

CARLOS: Das mag daran liegen, daß für uns die Grundlage von allem das Gehen ist. Als wir zu unterrichten begannen, hielten wir zuerst den Stil von Lampazo bei: zehn Minuten gehen und dann Figuren. Aber schließlich kamen wir davon weg. Der Schwerpunkt ist bis heute das Gehen geblieben.

ROSA: Oft wollen die Schüler das nicht hören, es erscheint ihnen zu wenig. Aber wenn wir es ihnen eine Zeitlang predigen, merken sie, daß sie zu einem guten Ergebnis kommen.

CARLOS: Jeder Tango, den ein Paar tanzt, muß auf die Musik abgestimmt sein. Für mich gibt es nur drei Kategorien: langsame, sanfte, melodiöse Tangos wie von Di Sarli, rhythmische, schnelle, bewegte wie die von D'Arienzo und alte Tangos wie die von Canaro. Die Energie der Musik muß im Tanz zu sehen sein. Es darf nicht alles gleich getanzt werden. Ein Tango von Di Sarli hat einen regelmäßigen Rhythmus, dennoch gibt es Höhen, Tiefen und Pausen, die getanzt werden müssen. Zu einem alten Canaro sollte man Canyengue¹⁰ ohne Drehungen tanzen, denn die gab es damals noch nicht.

ROSA: Das Schönste und Wichtigste am Tango sind für uns Gehen, Musikalität, Pausen und Eleganz.

Ist das die berühmte Essenz des Tango?

CARLOS: Die Essenz des Tango, das ist für uns die Musik, die Verbindung im Paar und mit der Musik, und schließlich das Gefühl, das Herz, mit dem beide sich im Tanz aufeinander einlassen. Auch das Gemeinschaftserlebnis gehört zum Tango Salon, sich auf der Milonga als Teil einer tanzenden Gemeinschaft zu fühlen, sich auf der Tanzfläche in Harmonie mit anderen zu bewegen.

ROSA: Was die Essenz ist, läßt sich schwer erklären. Es ist etwas sehr Individuelles. Denk an Sebastian Jiménez, der

31

Carlos im Tanz mit einer Schülerin   *Photo: Luciana Carnevale*

2010 im Alter von 18 Jahren Weltmeister wurde. Natürlich haben wir ihm viel beigebracht. Aber er hat etwas dazugegeben, das wir ihm nicht vermittelt haben. Er geht wie kein anderer. Das ist seine Essenz und gleichzeitig auch die Essenz des Tango.

Ihr sagt oft, daß es im Tango heute weniger Gefühl gibt als früher. Was meint ihr damit?

CARLOS: Das liegt vielleicht daran, daß heute viele Tangotänzer das, wovon die Tangos singen, nicht mehr kennen. Zum

Schüler von Rosa und Carlos
von nah und fern

Photo: Luciana Carnevale

Beispiel »Cafetín de Buenos Aires«[11]: Das ist die Geschichte eines Jungen, der sich die Nase am Fenster platt drückt, um ins Innere einer Bar zu sehen, aus der Tango klingt. So ging es mir damals. Aus diesem Grund ist für mich in vielen Tangos ein Stück meiner Seele, meiner Vergangenheit, meiner Kindheit enthalten, und wenn ich sie höre, erinnere ich mich an alles, als sei es heute. Wer das nicht erlebt hat, fühlt etwas anderes.

ROSA: Für mich hat es mehr damit zu tun, wie die Menschen damals gelebt haben. Die Männer arbeiteten hart und waren sehr arm. Der Tango war etwas, um der eigenen kleinen Welt zu entfliehen. Er war nichts, womit man Geld verdienen konnte. Er war ein Gefühl, nicht nur ein Tanz.

CARLOS: Es gibt aber noch etwas: Ich bin seit 50 Jahren glücklich verheiratet. Aber für die zweieinhalb Minuten eines Tango ist die Frau in meinen Armen die Frau meines Lebens. Das ist aber heute bei Tänzern immer weniger der Fall. Manchmal scheint es, als würde der Tango wie ein Sport gesehen. Ich erinnere mich an eine Situation in der Milonga des Sunderland-Klub, ein junger Tänzer machte vor seinem Auftritt Kniebeugen und Dehnungsübungen. Da mußte ich wirklich schmunzeln. Um Tango zu tanzen, muß man doch vorher keine Gymnastik machen!

Carlos 1956 (vorne rechts), noch gibt es im Tango Männerüberschuß　　　*Photo: Fundus Carlos Perez*

Tango – eine gefühlvolle Umarmung, erst
dann ein Tanz　　*Photo: Fuentes & Fernández*

Wie seid ihr in eurer Jugend denn mit dem Tango in Kontakt gekommen?

CARLOS: Meinen ersten Tango hörte ich aus einem Café bei mir um die Ecke, wo ich als Junge auf einem Bürgersteig aus Sand spielte.

ROSA: Aber du kamst doch durch Lampazo zum Tango!

CARLOS: Ja, das stimmt auch, Rosa. Den Zutritt zur Tangowelt fand ich durch Lampazo, dessen Familie in der Nachbarschaft lebte. Als ich zwölf war, bat ich ihn, mich zu einer Práctica mitzunehmen. Meine Mutter erlaubte es ohne das Wissen meines Vaters, und so betrat ich 1952 den ersten Klub und war dort durchweg mit zehn bis zwölf Jahre älteren Jungs zusammen. Sie übten und setzten mich als Frau ein, was mir nicht besonders gefallen hat.

33

ROSA: Es muß dir gefallen haben, sonst wärst du doch nicht hingegangen!

CARLOS: Es gefiel mir nicht, Übungsfrau zu sein. Als ich aber nach einem Jahr als Mann tanzen durfte, änderte sich alles.

ROSA: Ich komme ebenfalls nicht aus einer Tangofamilie, aber meine größeren Brüder tanzten Tango. Sie übten zu Hause. Als ich 17 war, durfte ich mit ihnen üben, und ich ließ ihnen keine Ruhe und erpreßte sie so lange, bis sie mich endlich mitnahmen. Ohne das Wissen meines Vaters ließ meine Mutter mich mit ihnen in meine erste Milonga gehen. Da war ich 19. Doch bereits nach einer Stunde brachten mich meine Brüder wieder nach Hause.

Eure Väter waren sicher dagegen, weil ihr so jung ward.

CARLOS: Meine Eltern wollten nicht, daß ich mich in dieser halbseidenen Welt bewege, denn das Synonym für Milonguero war Saufbruder, Weiberheld, Spieler, Faulenzer. Einen Dieb nannte man ihn zwar nicht, aber das war auch schon alles. Die argentinischen Milongas waren damals kein gutes Ambiente. Es gab dubiose Gestalten.

ROSA: Mein Vater hatte aus anderen Gründen etwas dagegen: Es war eine Zeit, in der Mädchen nicht ausgehen durften. Wir waren sieben Geschwister. Meine Schwestern hüteten alle das Haus, die Jungs lebten ihr Leben. Frauen, die alleine tanzen gingen, gab es in meiner Umgebung nicht.

Carlos darf 1954 zunächst nur unter Männern üben
Photo: Fundus Carlos Perez

CARLOS: Es gab sie aber, Rosa. Von Montag bis Freitag gingen die »Freien« tanzen, und am Wochenende waren die behüteten Mädchen mit ihren Eltern, Tanten und Brüdern unterwegs – allerdings unter Aufsicht.

ROSA: Glücklicherweise hat sich die Rolle der Frau auch im Tango geändert, sie ist freier geworden. Früher hatten die Frauen nichts zu sagen. Der Mann entschied alles. Ihre Aufgabe war, ihn zu begleiten. Also genau das zu tun, was mein Mann heute noch als die Rolle der Frau im Tanz sieht. Ich finde es gut, daß die Frau auch im Tango gleichberechtigter ist, mehr Verantwortung hat und Unterricht nimmt. Manche Frauen lernen die Männerrolle und tanzen sie sehr gut, wie unsere koreanische Schülerin Peninsula Cho.

CARLOS: Heute Nacht schläfst du draußen. (*Lachen*) Peninsula ist in der Tat unglaublich, du sagst ihr, sie solle den Fuß etwa zwei Zentimeter nach rechts setzen und sie versetzt ihn auf den Millimeter genau. Aber es stimmt schon: Im gegenwärtigen Tango hat die Frau eine aktivere Rolle als früher. Dennoch finde ich, daß eine gute Tänzerin den Mann begleitet und nur das tanzt, was er führt. Manche Frauen übertreiben es mit Verzierungen. Wenn der Mann ihnen den Raum und die Zeit gibt, dann dürfen sie ja. Aber nicht aufs Geratewohl!

ROSA: Ich lernte Carlos übrigens nicht in der Tangowelt kennen, sondern bei einem privaten Fest. Damals erfuhr mein Vater, daß ich mit meinen Brüdern in die Milonga ging und gab mir Hausarrest. Erst nachdem Carlos und ich verlobt waren, durfte ich wieder tanzen gehen, aber auch dann nur in Begleitung meiner Brüder und auch nur eine Weile.

Wie erging es euch in eurer ersten Milonga mit 13 bzw. 19? Mit wem habt ihr da getanzt?

CARLOS: Durchweg mit mindestens zehn Jahre älteren Frauen. Ich habe sie sogar gesiezt! Ich war für mein Alter recht groß, wirkte älter, und Lampazo hatte mich immer im Schlepptau. Vielleicht konnte ich deshalb die Wartezeit, die alle jungen Männer durchlaufen mußten und in der sie Tango nur durch Zuschauen lernten, übersprin-

1956 – Endlich darf Carlos die Männerrolle tanzen   *Photo: Fundus Carlos Perez*

gen. Durch ihn kam ich mit den großen Milongueros in Kontakt, alle zehn bis 15 Jahre älter als ich, und lernte von und mit ihnen. Die Frauen waren damals in der Minderzahl. Der Tango hatte einen Zweck: sie zu erobern! Aber mich sahen die Milongueros wegen meiner Jugend nicht als Konkurrenz an und sagten zu den Mädels, daß sie mit mir tanzen sollten. So lernte ich spielend und schnell. Von Portalea seine unglaubliche Präsenz, von Lampazo die Schnelligkeit,

Rosa und Carlos freuen sich über die ihnen gewidmete Aufmerksamkeit   *Foto: Fuentes & Fernández*

Carlos tanzt mit 17 noch »Tango Fantasía« (1956)   *Photo: Fundus Carlos Perez*

Carlos tanzt 1959 im Club »Escenario Pinocchio«

Photo: *Fundus Carlos Perez*

von Villarrazo Tricks, von El Nene Fo[12] und Parejita[13] viele Figuren und von Mingo Canónico[14] den Canyengue.

ROSA: Ich betrat den ersten Klub mit meinen Brüdern, aber tanzen durfte ich nicht! Ich saß herum und schaute zu. Wenn ich Glück hatte, drehten meine Brüder mal eine Runde mit mir. Aber dennoch gefiel mir diese andere Welt, denn mein Leben war so eintönig.

Und wie oft seid ihr in den ersten Jahren tanzen gegangen?

CARLOS: In Begleitung von Lampazo ging ich 1954 mit wachsender Begeisterung dreimal pro Tag in die Milonga. Denn als Tänzer hatte man mehr Chancen bei den Mädchen als ein Filmstar. Das war verlockend.

ROSA: Ich ging nicht so oft, habe nicht alle Milongas kennengelernt. In viele ging er lieber alleine.

CARLOS: Ja, *(lacht)* das stimmt! Z. B. ins Sunderland und ins El Oeste.

Rosa, hat es dich nicht gestört, daß er alleine tanzen ging?

ROSA: Natürlich! Aber das mußte ich hinnehmen. Erst wußte ich es zum Glück ja nicht *(lacht)*.

CARLOS: Damals sagte man in bestimmten Kreisen nicht, daß man Tango tanzt. Heute ist es eine Auszeichnung, Milonguero zu sein. Das war es damals nicht.

ROSA: Der Tango hatte in der argentinischen Gesellschaft zu dieser Zeit einen schlechten Ruf. Eine Frau, die Tango tanzte, galt in guten Kreisen als ein leichtes Mädchen.

Wie habt ihr damals getanzt?

CARLOS: Wie heute. Ich hatte sogar die gleiche Umarmung. Auf den Fotos kannst du es sehen.

ROSA: Meine Brüder tanzten offener, deshalb fiel es mir am Anfang schwer mit Carlos zu tanzen. Seine Umarmung war gewöhnungsbedürftig. Ich hatte zu Beginn das Gefühl, kaum Luft zu bekommen. Später habe ich es dann gelernt und wurde damit vertraut.

CARLOS: In den 50ern hatte zwar jeder seinen eigenen Stil, aber es gab nicht so viele verschiedene Richtungen wie heute. Man kann sagen, daß die Nord-Süd-Teilung[15] in Buenos Aires auch im Tango existierte: Im Norden von Buenos Aires tanzte man einen

Carlos und Rosas Umarmung ist auch 50 Jahre später unverändert   *Photo: Fuentes & Fernández*

eleganten Salontango, von der Avenida Rivadavia abwärts in Richtung Süden sah man viel mehr Figuren und den sogenannten Orillero-Stil, der weniger elegant war.

In den Confiterías im Zentrum ging es eher um das Erobern von Frauen als ums Tanzen. Etwas weiter vom Stadtkern entfernt wurde in den großen Klubs zu Orchestern wie Carlos Di Sarli und Osvaldo Fresedo auf sehr hohem Niveau getanzt. Es war ein eleganter, ruhiger und erdverbundener Salontango mit langen Schritten ohne komplizierte Figuren, der dem gleicht, was später als Urquiza-Stil[16] bekannt wurde und heute bei der Weltmeisterschaft zu sehen ist. In Wahrheit hat es diesen Stil nie gegeben. Der Name wurde ihm später aus Gründen des Marketing verliehen. Im Zentrum tanzte man den heute als Tango Milonguero bekannten Stil, damals *Tango Petitero* genannt – wegen der »Petit Cafés«, in denen sich die jungen Männer aus reichem Hause aus Barrio Norte trafen. Um Salontango zu lernen, brauchte man drei Jahre, *Tango Petitero* beherrschte man in drei Monaten.

39

Ich habe gehört, daß die besten Tänzer damals aus bestimmten Vierteln kamen und jedes seinen eigenen Stil hatte. Stimmt das?

CARLOS: Hm … ich weiß nicht so recht. Finito war ein guter Tänzer. Er kam aus Paternal. Milonguita[17] kam aus Saveedra, Portalea aus Villa Urquiza, Parejita und El Nene Fo aus Villa Pueyrredón und Lampazo aus Villa del Parque. Toto Farraldo[18] war und ist auch heute noch ein guter Tänzer, er kommt aus dem Süden von Buenos Aires. Vielleicht kamen tendenziell mehr gute Tänzer aus den nördlichen Vierteln. Dann gibt es noch einen Milonguero, der immer ins »Porteño y Bailarín« geht. Mir fällt gerade sein Name nicht ein. Weißt du, wen ich meine? (*überlegt*) Er hat einen Tisch ganz vorne und tanzt immer mit jungen Frauen.

ROSA: Das machen sie doch alle! Nenne mir doch nur mal eine Ausnahme! (*Gelächter*)

Und wie hatten sich die Milongas verändert, als ihr nach dreißig Jahren in die Tangowelt zurückgekehrt seid?

CARLOS: Rein äußerlich gab es einen großen Unterschied: Früher fanden sehr viele Milongas in Basketballhallen statt, manche an Orten ohne Dach. Aber auch in den Umgangsformen hatte sich einiges getan, und ich konnte es kaum glauben. Im Sunderland wurde nicht mit *Cabeceo* aufgefordert! Ein alter Bekannter kam im »Sin Rumbo«[19] an unseren Tisch und sagte, daß seine Frau mit mir tanzen wolle. Ich habe mich richtig geschämt.

ROSA: Ich wurde am Tisch aufgefordert. Das war für mich ein Mangel an Respekt, denn damit ließ mir der Mann keine andere Wahl als mit ihm zu tanzen oder extrem unhöflich zu sein und Nein zu sagen.

CARLOS: Der *Cabeceo* war früher so eine Art Ehrencode. Wenn man eine Frau aufgefordert hat und sie tanzte dann mit einem anderen, war der Abend gelaufen und man ging geknickt nach Hause – die Milonguero-Ehre war verletzt.

ROSA: Und Frauen stritten sich um Tänzer! Das hatte es vorher nicht gegeben.

CARLOS: (*lacht*) Das stimmt nicht, Rosa! Du hast es nur nicht mitbekommen. Mich störte viel mehr, daß die Männer die Base mit einem Rückwärtsschritt begannen. Ich hatte deshalb viele Diskussionen. Aber Lampazo sagte, daß die Milongueros es so besser fänden als mit dem Seitschritt wie in den vierziger Jahren. Das war völlig absurd. Deshalb ging es auch wieder verloren, denn in der Milonga macht es einfach keinen Sinn.

Auch hatte sich in diesen Jahren die These entwickelt, daß der Mann nur mit der

Brust führt. Das Paar tanzt sehr wohl Brust an Brust, daran gibt es nichts zu rütteln. Aber zu meiner Zeit hieß es, daß der Mann mit seinem ganzen Körper führt. Diese Ansicht vertrete ich nach wie vor.

Seit eurer Rückkehr in die Tangowelt sind mehr als 20 Jahre vergangen. Welche Veränderungen seht ihr zu den heutigen Milongas?

CARLOS: Früher ging es in der Tangowelt zu 90 Prozent um Frauen, zu zehn Prozent um Tanz. Die Milongas wurden von Vereinen organisiert. Reich wurde dabei keiner. Heute geht es leider immer mehr um Geld. Neu eröffnete Milongas sind am Anfang noch günstig. Aber sobald sie Erfolg haben, wird anständig was draufgeschlagen. Das gehört sich doch nicht! Daß der Tango zu einem Geschäft geworden ist, macht vieles kaputt.

ROSA: Kleidung war früher wichtiger als heute, Männer wurden nur in Anzug und mit Krawatte eingelassen. Pistenaufpasser kontrollierten Kleidung und Benehmen. In Turnschuhen und Jeans sah man niemand.

CARLOS: Männer und Frauen waren nicht getrennt gesetzt, wie es heute in einigen traditionellen Milongas im Zentrum zu sehen ist. Sie waren zwar räumlich von den Männern getrennt, die von einer Seite des Saals an der Wand stehend aufforderten. Aber nur die Frauen saßen, und zwar auf der anderen Seite an der Wand. Tische gab es keine; es gab auch keine DJs wie heute. Die Musik wurde vom Leiter des Klubs aufgelegt. *Cortinas* kamen erst ab 1963 auf, als der Respekt für den Tango verlorenging. In vielen Klubs blieben die Leute einfach auf der Tanzfläche stehen, wenn die Musik aufhörte, und redeten weiter. Bis zu diesem Zeitpunkt hatte man sich immer hingesetzt, wenn die Musik endete. Es wurden auch nicht nur Tangos gespielt, sondern sechs Tangos und vier Jazz-Stücke, schwarzer Jazz oder amerikanischer Boogie oder Tap. Ich erinnere mich nur an eine Milonga, in der ausschließlich Tango gespielt wurde.

Und die Tanzwettbewerbe, die es heute in Buenos Aires in so vielen Milongas gibt?

CARLOS: Die hat es schon in den Fünfzigern gegeben. Als die Menschen das Interesse am Tango verloren, waren sie ein Schachzug, um die Milonga zu füllen. Die Entscheidungen wurden vom Publikum gefällt. So brachte jeder Tänzer seinen Freundeskreis mit, und die Milongas waren gut besucht. Deshalb wurde diese Tradition heute wieder aufgegriffen. Der Tango war schon immer ein Phänomen von Buenos Aires, wurde zu 90 Prozent in der Hauptstadt getanzt. Heute gibt es zwar weltweit immer mehr Tänzer und Tänzerinnen. Aber in Buenos Aires gibt es ja fast mehr Milongas als Tangueros! Wenn du sieben Tage hintereinander in die Milonga gehst, wirst du zu 70 Prozent die gleichen Tänzer treffen. Ich stelle eine Art Über-

Rosas und Carlos' Tango geht ans Herz – auch in Italien   *Photo: Fundus Carlos Perez*

sättigung fest. Die Menschen haben alles gesehen, nichts geht ihnen wirklich nahe. Ist dir nicht aufgefallen, daß es beim Vortanzen in der Milonga kaum mehr Applaus während des Tanzes gibt? Deshalb versucht man immer etwas Neues zu erfinden: Frauen tanzen mit Frauen, Männer mit Männern. Und oft sind es Paare, die lieber noch ein bißchen warten und üben sollten.

ROSA: Ja, das Vortanzen hat überhandgenommen. Manchmal sind es in einer Milonga vier bis fünf verschiedene Paare! Die Leute wollen doch nicht endlos zuschauen!

Carlos, du hast auch selbst in sehr jungen Jahren vorgetanzt, nicht wahr?

CARLOS: Ja, ich war 16. Das werde ich nie vergessen, denn Vortanzen war damals etwas ganz Besonderes. Es war 1955 bei einem Meeting der kommunistischen Partei, und ich tanzte den Tango »Union Civica«[20]. Was für eine skurrile Mischung: Perón[21] war noch an der Macht und ich tanzte bei einem Meeting der Kommunisten zu einem radikalen Tango. Bis zu unserem Rückzug 1964 habe ich noch etwa zwölfmal vorgetanzt.

Was wünscht ihr euch für den Tango der Zukunft?

ROSA: Daß er seine Essenz bewahrt.

CARLOS: Er kann durchaus durch Bewegungen ergänzt und erweitert werden, die anders sein mögen, aber so getanzt werden können, daß es dennoch Tango bleibt. Tango ist sanft und elegant. Wenn das nicht verloren geht, dann wird man auch in der Zukunft einen wunderbaren Tango tanzen können. Doch die Kenntnis des traditionellen Tango und das Bewußtsein für ihn müssen erhalten bleiben, denn sonst geht seine Essenz verloren. Wenn das geschieht, degeneriert der Tango, bis nichts mehr davon bleibt – und das wäre ein schmerzlicher Verlust für die ganze Welt. Rosa und mir hat der Tango eine Menge gegeben. Solange wir noch in der Lage dazu sind, wird es unsere größte Freude sein, dazu beizutragen, daß dieses Wissen nicht verlorengeht. Das bedeutet, es nicht nur zehn, sondern Hunderten, so vielen Schülern wie möglich zu vermitteln. Wer mag, darf davon Gebrauch machen, wenn nicht, ist es nicht mein Problem. Ich gebe alles, was ich habe. Das ist meine Art, den Tango zu verteidigen.

Anmerkung der Verfasserin: Carlos Perez und Rosa Forte sind bescheidene, zurückhaltende Menschen. Sich selbst als Lehrer lobend zu beschreiben, ist nicht ihre Sache. Deshalb sollen hier einige ihrer langjährigen Schüler zu Wort kommen und erklären: Warum Carlos Perez und Rosa Forte Maestros für uns sind.

Carlos und Rosa im Gespräch mit Ute Neumaier   *Photo: Fuentes & Fernández*

Alison Murray (43) und Carlos Boeri (45),
Kanada – Buenos Aires,
Gewinner des Campeonato Metropolitano
der Stadt von Buenos Aires 2014

ALISON: Seit sieben Jahren sind mein Mann Carlos und ich Schüler von Rosa Forte und Carlos Perez. Carlos überrascht uns immer wieder mit der Einfachheit und Klarheit seiner Konzepte. Er vermittelt uns einen bequemen und dennoch eleganten Tango, dessen Schwerpunkt das Gehen ist. Oft habe ich ihn sagen hören: »Jemand muß bis nach Patagonien laufen und wieder zurück.« Nur so könne er dieses fließende und erdverbundene Gehen erlernen, das den Stil charakterisiert, für den er steht.

Carlos hat eine ganz besondere und angeborene Musikalität. Und er hat Grundsätze. Effektvolle Figuren dürfen niemals auf Kosten der Musik gehen. Ruhiges Gehen und blitzschnelle Beschleunigungen – beides soll seinen Raum bekommen, solange es abbildet, was in der Musik geschieht. Oft sagt er: Tanze zur Musik. Wenn er den Tanz seiner Schüler analysiert, bleibt es nicht bei Worten: Er zeigt ihnen genau, welche Momente in der Musik zum Drehen geeignet sind, wo das Gehen beschleunigt und wo es verlangsamt werden sollte.

Wie kein anderer vermittelt Carlos Cadencia, dieses mysteriöse Element, das den Tanz zum Tango macht, diese sanfte, mal weniger sanfte Wellenbewegung in Übereinstimmung mit der Energie der Musik. In seinem eigenen Tanz lebt er es uns vor. Oder er tanzt mit mir und läßt mich fühlen, was er meint, damit ich meinem Mann erklären kann, welche Energie er reproduzieren soll. Manchmal sagt Don Carlos einfach

Alison Murray und Carlos Boeri   *Photo: Samuel de Lucia*

44

zu ihm: »Tanze das weiblicher«, und vermittelt ihm so ein anschauliches Bild dafür, welchen Ausdruck sein Tanz in bestimmten Momenten haben soll.

Carlos Perez nenne ich voller Respekt und Bewunderung »Don Carlos«. Mit geradezu mathematischer Präzision vermag er Figuren und Schritte zu erkennen. Seine Leidenschaft und Fähigkeit, den Tango im Kontext der Vergangenheit und dennoch mit Blick auf die Zukunft zu sehen, sind für mich unschätzbar wertvoll.

Carlos Boeri: Vor zehn Jahren nahm ich sehr viel Tangounterricht. Mein Tango veränderte sich, aber meine Verwirrung wurde immer größer. Von jedem Lehrer bekam ich unterschiedliche Informationen und war von widersprüchlichen Systemen irritiert. Daher begab ich mich auf die Suche nach dem Lehrer meiner Lehrer und traf im Sunderland auf Carlos Perez und Rosa Forte, die meinem Tanz eine Richtung, Ordnung und Struktur gegeben haben.

Diese großzügigen und warmherzigen Lehrer vermitteln ihren Schülern die Bedeutung der Pause, die Geheimnisse des musikalischen Gehens und machen ihren Tanz einfacher und dennoch eleganter. Ihre Schwerpunkte sind Umarmung, Haltung und Gehen, das durch Figuren ergänzt werden kann, die allerdings abgestimmt sein müssen auf das Besondere eines jeden Paars und die Musik. Vereinzelte, in Themen oder Niveaus unterteilte Unterrichtseinheiten oder Sequenzen und Bewegungen, die auswendig zu lernen sind, wird man bei ihnen nicht finden.

Ich habe Carlos einmal gebeten, mir eine Rückwärts-Sacada beizubringen. Er um-

Im Unterricht mit ihrem Maestro   *Photo: Luciana Carnevale*

armte mich und sagte voller Wärme zu mir: Mach dir das Leben nicht so schwer. Wenn dein Tanz reif, dein Körper bereit ist, du die richtige Haltung und die erforderliche Körperkontrolle hast, wird sich diese Art der Sacada von allein ergeben. Denn seiner Auffassung nach lernt man Bewegungen nicht mechanisch, sondern indem man den Körper schult – bis dieser so weit ist, daß sich die Figur auf organische Weise entwickeln kann.

Carlos und Rosa machen es sich zur Aufgabe, ihre Schüler ohne jegliche Eile gründlich auszubilden. In diesem oft sehr lang andauernden Ausbildungsprozess begleiten sie sie mit viel Umsicht und grenzenloser Geduld: Maestros!

Peninsula Cho, Korea und Alejandra Torrejón, Argentinien

Ich kam 2011 auf der Suche nach einem guten Lehrer nach Buenos Aires und durch Empfehlung zu Carlos Perez und Rosa Forte. Ich begegnete Carlos fast schon verängstigt, denn gleich zu Beginn meines Aufenthalts hatte mich der Organisator einer traditionellen Milonga von der Tanzfläche gezerrt, als ich die Rolle der Führenden tanzen wollte.

Ich traute mich kaum, Carlos zu sagen, daß ich die Männerrolle lernen wollte. Aber er sagte einfach: »Probier es«, und hat mich genommen, wie ich bin. Bald gab er mir Ratschläge: »Wenn du führen möchtest, mußt du die Frau erobern, ihr Herz gewinnen. Du mußt sie wie eine Königin behandeln, damit sie sich im Tanz in dich verliebt. Dann ist es egal, ob du eine Frau oder ein Mann bist.« Das hat mich so tief beeindruckt, daß ich mir nach meiner Rückkehr nach Korea umgehend die Haare abschnitt, mir Männerschuhe und -hose und eine Krawatte kaufte – seither mein Outfit, wenn ich die Rolle der Führenden tanze. Das wollte Carlos damit sicher nicht erreichen, aber es war meine Art seine Worte umzusetzen.

Ich habe von Carlos und Rosa gelernt, so natürlich wie möglich, und einen liebevollen und entspannten Tango zu tanzen. Das war wichtig für mich, denn ich kam vom Ballett und dem modernen Tanz. Mein Tango war kühl, zu technisch. Sie sind für mich Maestros, denn sie haben mir gezeigt, daß Tango zuerst ein Gefühl und erst dann ein Tanz ist.

ALEJANDRA: Seit 2011 kenne ich Carlos und Rosa. Bis zu diesem Zeitpunkt zog ich von Lehrer zu Lehrer, aber ich kam tänzerisch nirgendwo richtig an. Das hohe Niveau in der Práctica hat mich zuerst sehr beeindruckt, aber bald hatte ich das Gefühl, dazuzugehören, einfach weil Rosa und Carlos mich absolut herzlich willkommen geheißen haben. Und ich habe in ihnen die besten Lehrer gefunden, die ich jemals hatte. Wenn ein neues Paar kommt, kann man richtig beobachten, wie

Peninsula und Alejandra bereiten sich in der Práctica auf die Teilnahme am
»Campeonato Metropolitano« 2014 vor

Photo: Luciana Carnevale

schnell Carlos in der Lage ist, das beste aus ihnen herauszuholen. Er sieht auf einen Blick, was zu welchem Paar am besten paßt und korrigiert oft nur winzige Details mit so großer Wirkung. Ich lebe alleine in Buenos Aires, ohne meine Familie, aber Carlos und Rosa und die ganzen Sunderländer sind mein Familienersatz, in dem ich obendrein die beste aller denkbaren Tangoausbildung bekomme!

Judita Zapatero, Stuttgart, Vize-Weltmeisterin Tango Salon 2003

Ich habe Carlos und Rosa 2006 kennengelernt, als sie noch nicht so berühmt waren wie heute. Tango war für Carlos nie etwas zum Geldverdienen und es fiel ihm schwer, sich Stunden bezahlen zu lassen, weil er den Tango in einer anderen Zeit kennengelernt hat. Damals gab es keinen Unterricht und man lernte von Freunden.

Der Tango hat ihnen viele Freundschaften und Reisen beschert und ich habe immer gespürt, wie dankbar sie dafür sind. Sie haben beide ein riesengroßes Herz. Deshalb

Judita Zapatero – die deutsche Vize-Weltmeisterin
Photo: Alejandra Klein

unterrichtet Carlos sicher auch immer wieder junge Leute, die keine finanziellen Möglichkeiten haben. Dabei geht es ihm weder um Geld noch um den schnellen Erfolg. Deshalb hat er so eine große Anhängerschaft.

Carlos vertritt einen ruhigen Tango und eine Umarmung, die sich innen sinnlich anfühlt und nach außen ebenso wirkt. Im Unterricht lobt er viel, stellt eine warme Atmosphäre her, in der man sich sicher fühlt und glaubt, man hätte nichts zu lernen. Doch dann holt Carlos Stück für Stück sein immenses, fundiertes Wissen hervor und korrigiert sehr viel und ganz genau. Er macht seinen Schülern bewußt, wie sie einen Tango beginnen, ob sie ihn immer wieder gleich beenden, welche Ticks und Angewohnheiten sie haben und zeigt ihnen, wie sie mehr Abwechslung in ihren Tanz bringen können.

Seine Anweisungen sind meist auf den Mann ausgerichtet. Dennoch habe ich in all den Jahren wahnsinnig viel bei ihm gelernt und durch seine Anekdoten aus den 50ern vieles über den Tango erfahren und verstanden. Beispielsweise erzählte Carlos, wie er früher beim Einkaufen das Gehen übte, indem er auf dem Bordstein lief, um zu lernen, die Füße gerade zu setzen. Oder seine Erklärung zur aufrechten Haltung: Das Jackett muß ausgefüllt sein, darf keine Falten werfen. Oder bei den Entradas[22] sagt er immer, daß es nach außen so wirken muß, als würde der Fuß des Mannes den Fuß der Frau wegschieben, als würde die Führung von seinem Fuß ausgehen. Das ist zwar nicht der Fall, aber es ist ein schönes Bild um zu lernen, den Fuß exakt zu setzen. Heute erklärt man den Tango ganz anders, aber diese Bilder von Carlos sprechen eine ganz eigene wunderschöne Sprache.

Man braucht Zeit für Carlos, man muß Gelerntes verdauen, umsetzen. Erst dann macht er weiter und geht zum nächsten Schritt über. Er behält stets den Überblick und überfordert seine Schüler in keiner Sekunde. Ein Maestro ist er für mich, weil er seine Schüler wirklich auf lange Sicht anleiten kann.

Sabrina Rafa (30) und Álvaro Bravo (26), Buenos Aires

SABRINA: Ich tanze seit drei Jahren, gehe zweimal pro Woche zur Práctica und nehme mit Álvaro Privatstunden bei Carlos und Rosa. Kein Lehrer hat mich so inspiriert wie sie.

Seit 2012 nehmen wir an der Weltmeisterschaft teil. Sie haben uns dabei immer begleitet, Sicherheit gegeben und Mut gemacht. Wir haben durch sie einen Blick für unsere eigene Entwicklung im Tanz bekommen. Álvaro und ich sind ja mit 1,78 m und 1,87 m ein sehr großes Tanzpaar. Carlos hat uns gezeigt, wie wir unseren Tango harmonisch auf unsere Körpergröße abstimmen können. Als Tänzerin wurde ich mir über meine Rolle als Frau klarer: den Mann zu begleiten. Das hat aber nichts mit Passivität zu tun, darin liegt vielmehr die Schönheit des Tango für die Frau: aufmerksam sein, warten und eine Bewegung, die der Mann einleitet, umsetzen und sich führen lassen.

Korrekturen von den beiden fühlen sich an wie lieb gemeinte Tips von einem guten Freund. In ihrer Práctica haben sie immer alle im Blick. Ich kann mir nicht vorstellen, daß es jemanden gibt, der Rosa und Carlos nicht mag.

ÁLVARO: Ich kam vor viereinhalb Jahren über Empfehlungen in die Práctica und lernte dort Sabrina kennen. Carlos lud uns bald zu einer Privatstunde ein und wir hatten schnell das Gefühl, Teil einer Familie zu sein. Seine Liebenswürdigkeit hielt

Eines der größten Schülerpaare von Carlos und Rosa: Sabrina und Álvaro   *Photos: Luciana Carnevale*

ich am Anfang für eine Marketingstrategie. Aber ich erlebe ihn bis heute als einen bescheidenen Mann, und zwar allen seinen Schülern gegenüber. Seit drei Jahren unterrichtet er uns ohne jegliche Bezahlung.

Carlos hat Struktur in meinen Tango gebracht und mir gezeigt, wie man Eleganz, aufrechte Haltung und Entspannung verbinden kann. Er hat meinen Tango entschleunigt, Ruhe hineingebracht. Doch nicht nur das, auch eine Art Lebensphilosophie hat er mir vermittelt: nicht versuchen, etwas zu sein, was ich nicht bin. Mich entwickeln – ja, aber nichts forcieren. Geduld haben, mich einem Prozeß überlassen und aus mir herausholen, was in mir steckt.

Carlos hat einen ganz genauen Blick, und er sagt nicht nur mit Worten, was er sieht. Meine Umarmung beispielsweise war sehr steif. Er faßte mich an und mit einem Handgriff fühlte es sich sofort viel bequemer an. Es scheint, als wenn er in den Körper seiner Schüler schauen kann. Verstehen kann man das nicht, nur erleben. Deshalb ist er ein Maestro!

María Inés Bogado (33) und Sebastián Jiménez (22), Buenos Aires, Weltmeister Tango Salon 2010

MARÍA INÉS: Ich kam mit 28 in die Práctica. Damals tanzte ich noch in einer Tangoshow auf der Straße.

SEBASTIÁN: Ich kam schon als Vierzehnjähriger zu Carlos, und als ich dort mit Maria Ines tanzte, empfand ich etwas ganz Besonderes. Doch von meiner Idee, sie als Tanzpartnerin zu haben, war er zuerst nicht sehr begeistert, vielleicht wegen des Altersunterschieds.

MARÍA INÉS: Carlos und Rosa haben uns keine Schritte beigebracht, sondern Tanzen. Sie haben uns klar gemacht, daß Tango nichts Technisches ist, sondern ein Gefühl. Carlos hat immer wieder begründet, warum wir so tanzen, uns umarmen oder stehen sollten. Rosa war dabei wie die Augen von Carlos: Sie sah alles, hatte das richtige Wort zur richtigen Zeit und erkannte, was mir als Tänzerin in bestimmten Momenten fehlte.

María Inés Bogado und Sebastián Jiménez, Weltmeister Tango Salon 2010   *Photos: Gonzalo del Carril*

SEBASTIÁN: Carlos erzählte uns von den großen Milongueros, den Wurzeln des Tango und hat uns mit seinen Anekdoten die Augen für vieles geöffnet, was wir ohne ihn nicht sehen konnten.

MARÍA INÉS: Es hat einen wichtigen und regelmäßigen Austausch mit ihnen gegeben, indem sie ihre ganze Erfahrung mit uns geteilt, nichts für sich behalten haben. Ich brauchte all diese Stunden bei ihnen zu Hause, in denen ich mich beschützt fühlte, für meine Entwicklung als Tänzerin.

SEBASTIÁN: Carlos hat mich auch wie ein Vater aufs Leben vorbereitet. Seine Ratschläge höre ich heute noch, nicht nur beim Tanzen: Ruhe bewahren, auch in den schwierigsten Momenten. Er sagte immer wieder, daß mein Tango nicht von Schritten, sondern davon abhängt, daß ich darin ausdrücke, wer ich bin. Auch in emotionaler Hinsicht haben sie uns geholfen, denn für so eine Weltmeisterschaft muß man auch innerlich, nicht nur körperlich und tänzerisch, bereit sein.

MARÍA INÉS: Oft sagte er zu mir als der Älteren: Ich mache mir Sorgen um Sebastián, denn er ist noch so jung. Wohl deshalb hat er immer gesagt: Rechnet nicht damit zu gewinnen; ihr seid gut, aber das garantiert euch keinen Sieg. Er wollte uns sicher beschützen.

SEBASTIÁN: Vier Jahre sind seither vergangen, aber wir stehen immer mit ihnen in Kontakt und nach unseren Tourneen suchen wir sie als Erstes auf. Nach einer langen Zeit ohne Unterricht verliert unser Tanz an Eleganz, wird unsauber. Dann brauchen wir sie wieder als Lehrer.

MARÍA INÉS: Ja, aber sie fehlen uns nicht nur als Lehrer, sondern auch als Menschen, wie eine Familie eben. Wenn Carlitos uns sieht, dann sagt er als Erstes: »Kinder, warum rast ihr denn so? Was ist denn mit eurer Umarmung los? Und die Füße?« Carlos sieht, was keiner sieht. Daß wir Weltmeister wurden, haben wir nur zwei Menschen zu verdanken: unseren Maestros Rosa und Carlos.

Sebastiáns Geste spricht für sich: Carlos Perez – sein Maestro!   Photo: Gonzalo del Carril

Fußnoten:

[1] Für einen Bericht über Tango in der Reihe »360° – GEO Reportage« für den deutsch-französischen TV-Sender ARTE filmte im Auftrag der Berliner Produktionsfirma Medienkontor German Kral.

[2] Gerardo Portalea (*1928, †2007), Salontänzer, Milonguero und Vertreter des Urquiza-Stils, der als Friedhofswärter arbeitete und in seiner Freizeit für seinen eleganten, ruhigen Tanzstil berühmt war, der sich durch viel Cadencia und wenig Figuren auszeichnete.

[3] Jose »Lampazo« Vazquez (*1928, †1999), Salontänzer und Vertreter des Urquiza-Stils. Man nannte ihn »Lampazo«, zu dt. Lappen, weil seine Füße beim Tanzen wie ein Putztuch über den Boden zu gleiten schienen. Er zeichnete sich besonders dadurch aus, wie er Canyengue und Milonga tanzte.

[4] Ramón »Finito« Rivera (*1929, †1987), auch »Fino« genannt, stammte aus dem Stadtteil Paternal. Er stand für einen eleganten Tango, den er harmonisch mit sanften Figuren von großer Schönheit zu verbinden wußte. Er war ein Naturtalent, blieb jedoch immer sehr bescheiden.

[5] Maria Nieves (*1938), Tochter spanischer Einwanderer und Tangotänzerin des Jahrhunderts. Sie verhalf dem Tango mit Juan Carlos Copes in einer Zeit zu internationalem Ruhm, in der er fast schon ein Unwort war. Als Bühnentänzerin war sie wegen ihrer Virtuosität und Schnelligkeit und ihren sinnlichen Verzierungen berühmt.

[6] José »El Turco« Brahemcha (*1931, †2010), dem die Mutter im Alter von 16 Jahren empfahl, Tango tanzen zu lernen, damit er Mädchen trifft. Er war ein maßgeblicher Vertreter des Urquiza-Stils, dessen Repertoire er erheblich erweiterte. Sein Tanz charakterisierte sich durch Eleganz, Musikalität und sanftes, fließendes Gehen.

[7] Alberto Villarrazo, auch »El Gallego« genannt, da spanischer Abstammung. Sein Tanz zeichnete sich durch hohen Figurenreichtum und Virtuosität, weniger durch Eleganz aus.

[8] Lápiz, eine halbkreisförmige Verzierung, die der Mann/Führende mit der Fußspitze des Spielbeins ausführt.

[9] Cadencia, im Tangobereich und im argentinischen Spanisch die Fähigkeit eines Tanzpaars, die Energie und das Auf und Ab der Musik in seinem Tanz auszudrücken.

[10] Canyengue, alter Tanzstil aus den Armenvierteln von Buenos Aires, der von 1890 bis 1930 mit gebeugten Beinen, starker Vorbeugung des Rückens und hoher Armhaltung getanzt wurde, dem man von 1930–1940 durch Haltungsänderungen mehr Eleganz verlieh und der dann ab 1940 durch die Entstehung der Drehung einen ganz anderen Charakter bekam.

[11] »Cafetín de Buenos Aires«, ein Tango, der das Leben in der argentinischen Hauptstadt und die damals üblichen Treffen in klassischen Cafés besang, Musik: Mariano Mores, Text: Enrique Santos Discépolo.

[12] El Nene Fo (*1929), großer und extrem eleganter Tänzer, der sich trotz seiner Größe durch Virtuosität und Schnelligkeit in den Beinen auszeichnete. Er tanzt heute aus gesundheitlichen Gründen nicht mehr.

[13] Eduardo Pareja (*1930), bekannt als »Parejita«. Sein Tanz zeichnete sich in seiner Jugend mehr durch Virtuosität und Figurenreichtum als durch ruhiges, elegantes Gehen aus. Er tanzt und unterrichtet nach wie vor.

[14] Osvaldo Mozzi »Mingo Canonico« (*1922), der immer sehr ernst wirkende Milonguero aus Villa Urquiza war in den Vierzigern wegen seiner großen Eleganz berühmt. Sein Tanzstil hatte viel Cadencia, zeichnete sich durch lange Schritte und die gekonnte Verbindung des neuen und alten Tango aus (vor und nach der Erfindung der Drehung durch Petroleo in den Vierzigern).

¹⁵ Nord-Süd-Teilung: Buenos Aires läßt sich grob in den eher reicheren Norden und den eher ärmeren Süden aufteilen. Eine solche Aufteilung ließ sich auch im Tango beobachten, denn es entwickelten sich im Süden und im Norden unterschiedliche Tanzstile.

¹⁶ Urquiza-Stil, eine Variante des Tango de Salon und ein für seine Eleganz bekannter Stil mit vielen Enrosques und Lapices, der sich in den Vierzigern entwickelte. Er wurde nach dem gleichnamigen Stadtteil im Norden von Buenos benannt, in dem er entstand, und der als die Wiege des Tango Salon gilt.

¹⁷ Luis »Milonguita« Lemos, einer der bedeutendsten Repräsentanten des Urquiza-Stils, ein eleganter, sanfter Tänzer, von dem es heißt, er sei der beste Salontänzer aller Zeiten gewesen

¹⁸ Pedro »Toto« Farraldo (*1930), Milonguero aus dem Viertel Parque Chacabuco, der heute noch regelmäßig in den Milongas von Buenos Aires zu sehen ist und unterrichtet. Sein Tanz zeichnete sich vor allem in jungen Jahren durch hohen Figurenreichtum aus.

¹⁹ Sin Rumbo, Milonga in Villa Urquiza, auch »Die Kathedrale des Tango« genannt.

²⁰ »Unión Civica«, ein von Domingo Santa Cruz 1904 komponierter Tango – eine Hommage an die radikale Partei »Union Civica Radical«.

²¹ Juan Domingo Perón Sosa (*1895, †1975), zweifacher Präsident von Argentinien. Der Sozialist ist weltweit auch bekannt durch seine zweite Ehefrau, Evita Perón.

²² Entradas, eine Bewegung, bei der der Mann eine Bewegung einleitet, indem er seinen Fuß an der der Frau stellt.

Kontakt: CARLOS **Perez** und ROSA **Forte** cyrtango@yahoo.com.ar

Hier tanzt der normale Mensch!

Sie heißen »Salón Tropezón«, »Centro Jubelén«, »Bohemios«, »Circulo Trovador«, »Pinar de Rocha« oder »Hurlingtango« – die Milongas weit ab vom Zentrum in den *Barrios* (Vorstädten) ohne Tangotouristen, ohne Comme-il-Faut-Schuhe, ohne teure Parfums, ohne schicke Tangofummel, ohne blasierte Gesichter. Hier tanzt der normale Mensch. Der Busfahrer mit der Verkäuferin. Der Klempner mit der Buchhalterin. Der Pfleger mit der Friseurin. Ich wußte bereits, daß die besten Tangotänzer in den *Milongas del Centro* Taxifahrer und Schlosser sind. Aber dort kennt man sich nicht mit Namen, weiß höchstens den Spitznamen wie z.B. *El Flaco* (der Dünne) oder *El Oso* (der Bär). Oder man kennt von Tänzerinnen ihre vage Berufsbezeichnung wie die *Sindicalista* (die Gewerkschafterin), die *Pantalonera* (Hosennäherin). In den Vororten jedoch kennen sich alle mit dem richtigen Vornamen und man weiß um der anderen Lebensgeschichte.

Der Weg ist weiter als ins »El Beso«, ins »Nino Bien« oder ins »Canning«, und vielleicht fällt die Taxirechnung doppelt so hoch aus als sonst – aber es lohnt sich. Die Grenze zwischen Buenos Aires Stadt *(Capital Federal)* und Buenos Aires Provinz ist fließend. Es gibt keine Schilder, auf denen steht »Achtung, Sie verlassen jetzt die Stadt Buenos Aires«. Aber vielleicht lehnt der Taxifahrer die Fahrt auch ab, weil er die Adresse der genannten Milonga nicht kennt. Dann wird es etwas mühsam: mit der *Subte* (U-Bahn) und dem *Colectivo* (Bus) in den Vorort, und dort angekommen sucht man ein *Remis* (Taxivermittlung), von wo der Wagen dann zur endgültigen Adresse fährt. Am besten fragt man in diesem *Remis* auch gleich nach einem Taxi für die Rückfahrt um zwei Uhr morgens – oder um vier Uhr.

Heute bin ich im »Salón Tropezón« im Barrio San Martin (Triunvirato 4684 / Av. San Martin, gegenüber der Bahnstation Tropezon). Es ist Donnerstag und der Eintritt frei. Man duzt sich, küßt sich zur Begrüßung, küßt sich zum Abschied. Es kommen viele Paare, größere Freundeskreise, aber auch viele Singles. Es werden ausschließlich *Tandas* mit *Cortinas* gespielt. Die Tanzfläche ist voll, aber nicht über-füllt. Auch hier wird mit *Cabeceo* aufgefordert. Wer außen tanzt, bleibt außen, wer innen tanzt bleibt innen. Es gibt kein kreuz und quer wie bei uns.

Oft ergreift der Organisator Beserto Barrionuevo, genannt Beto, das Mikrophon, macht Durchsagen, feuert die Stimmung an. Er ist ein guter Conferencier – kein Wunder, moderiert er doch eine tägliche Radio-Tangosendung. Beto sagt ein Paar an, das heute seinen 42. Hochzeitstag feiert. Die beiden tanzen vor. Heftiger Beifall.

Ich frage Beto, ob er auch Gäste aus *el Centro* habe? Nein, sie kommen alle aus San Martin und Umgebung. Weshalb er nur klassisch auflegen läßt? Das wollen die Gäste. Wie er sein Publikum einschätzt? Viele tanzten bereits in ihrer Jugend, aber als die Kinder kamen, haben sie 20 Jahre ausgesetzt. Jetzt haben sie Zeit und kommen wie-der. Kommen auch Ausländer? Du bist seit Jahren der einzige. Was ist der Unterschied zu den Milongas im Zentrum? Wir bieten mehr Platz auf der Tanzfläche.

Argentinien ist ein Einwandererland, man erkennt sofort, wer neu ist, wer fremd. Es spricht sich herum, daß ein *Alemán* anwesend ist. Ich werde gefragt, wie es mir gefällt? Wo hast du den Tango gelernt, in Alemania oder Argentina? Man ist sehr interessiert an dem Gast. Ich werde von Beto auf die Tanzfläche gebeten. Nur wir zwei. Er legt seinen Arm um meine Schultern und verkündet meinen Namen, nennt mich einen Freund und strahlt, daß dir ganz warm ums Herz wird.

Kaum sitze ich wieder, kommt ein Glas Sekt vom Nachbartisch. »Salud!«, »Sa-lud!«, auch mit der Gattin »Salud!« Eine Frau kommt auf mich zu: »Ich bin in Wup-pertal geboren. Aber vergessen alles deutsch.«

Jeder hat sich gut angezogen, nicht übertrieben, aber die Kleidung zeigt, daß man dem Alltag Ade gesagt hat. Frauen lieben Kleider in den Farben Rot oder Schwarz.

Im »Salón Tropezón« im Barrio San Martin in Buenos Aires hängen alle Bilder schief

Männer in dunklen Hosen, viele weiße Hemden, auch farbige, auch kurzärmlige. Ich sehe wenige Anzüge. Jeans und Polo-Shirts sind out.

Es wird genau beobachtet, wie du tanzt, auch mit wem. Hier trifft sich ja eine große Tango-Familie. An einem Tisch entsteht ein Gruppenphoto. Du möchtest doch bitte rüberkommen. Ja, gleich in die Mitte. Nebenbei wirst du vorgestellt – natürlich zählt nur der Vorname. Und jede rechte Wange nähert sich dir zum Begrüßungskuß. Jede, egal ob Frau oder Mann. Dann das Photo. Die Kamera wird herumgereicht und alle lachen sich halbtot. Wir hatten alle rote Augen.

Es wird viel gelacht. An einem Tisch mit acht Personen wird seit zwei Stunden gegessen, natürlich *Asado*. Große Portionen mit allerlei Gebratenem werden auch von zierlichen Damen verspeist. Und es wird gut getrunken. Ständig kommen Lachsalven von diesem und anderen Tischen. Es herrscht eine Atmosphäre wie in einer volkstümlichen *Parilla* (Grill-Restaurant).

Ich habe eine spät Erblondete aufgefordert und biete ihr meine enge Umarmung an. Sie hätte wohl auch nichts anderes akzeptiert. Man tanzt Milonguero-Stil. Kaum haben wir uns aneinander gewöhnt, summt sie die Melodie mit. Auch beim zweiten und letzten Stück dringen ganze Zeilen an mein Ohr. Es ist nicht unangenehm. Vielleicht sogar ein Kompliment? *Quizás?*

Später trete ich ins Freie, um mich abzukühlen und einen Zigarillo zu rauchen. Da sehe ich sie wieder in einer kleinen Gruppe, alle rauchen und alle singen sie ernst und engagiert, fast bühnenreif den Text nach, dessen Melodie wir von drinnen hören. Sie kennen jede Zeile. Wie wahr doch die alte Weisheit ist: »Wo gesungen wird, da laß dich ruhig nieder. Böse Menschen haben keine Lieder.«

Ich beginne, mich heimisch zu fühlen, merke, wie der Tango uns alle verbindet, wie er Wärme ausstrahlt, wie mir Freundlichkeiten entgegenkommen und wie ich schnell offen werde für diese Herzlichkeit. Da ist nichts Fremdes mehr, außer der Sprache.

Ein Mann kommt zu meinem Tisch, neigt sich zu mir und sagt: »Señior Klaus, meine Frau möchte gerne mit Ihnen tanzen.« Ich glaube, das war das schönste Kompliment, das ich in Argentinien bekommen habe.

Die Vorort-Milongas sind alle sehr unterschiedlich. Viele sind in ehemaligen *Clubs Sociales* untergebracht, ähnlich wie auch in der Innenstadt. Also in griechischen (»Canning«), italienischen (»Yira Yira«), armenischen (»La Viruta«) oder anderen Vereinen. Manchmal sind es auch die Gesellschaftsräume eines Sportclubs oder die Räume der örtlichen Feuerwehr. Oft ist es auch nur ein einfacher großer Raum mit angeschlossener Küche wie im Salón Tropezón. Die Wände sind rötlich angestrichen, eine angenehme Atmosphäre. Der Saal hat etwas von einer alten Tangokneipe, jemand hat jedes der vielen Bilder schief aufgehängt. Absicht oder Schlamperei?

Ganz anders ist die Atmosphäre im »Torvador«, im Vorort *Vicente López* (Avenida del Libertador 1031, freitags und sonntags ok, samstags meistens nur Paare): Der kalte leere Saal erinnert stark an eine AOK-Kantine oder die eines Finanzamtes. Links die Tische, rechts die Tanzfläche. Hier kommt die Stimmung erst durch die Menschen und die Musik auf.

Auf keiner Vorstadt-Milonga in Buenos Aires darf eine Chacarera fehlen

Auf den Vorstadt-Milongas von Buenos Aires tanzt man auch noch Canyengue, eine Art von Tango

Hier zählt die Hingabe an die Tangomusik

Zur Milonga »Bohemios« in La Boca (noch so eben im Stadtgebiet gelegen, Calle Necochea 945), sollte man aus Sicherheitsgründen schon mit dem Taxi direkt vors Haus fahren. Es ist nachts nicht ungefährlich auf den Straßen von La Boca. Kommt man in den Hof vor dem eigentlichen Milonga-Gebäude, herrscht sogleich familiärer Frieden. Kinder spielen hier. Und sie spielen auch noch, wenn du morgens um vier Uhr die Milonga (bitte wieder im Taxi!) verläßt. Als ich den Saal betrete, warte ich, bis die Bedienung kommt, frage nach einem kleinen Tisch und bestelle zwei *Empanadas* (Pastete) und ein Glas Wein. Nein, es gibt kein Glas, nur eine Flasche. Mein Tischnachbar meint, daß ich die Flasche nicht austrinken müsse, den Rest sollte ich mit nach Hause nehmen. Später habe ich vom Veranstalter als Andenken die Flagge des »Club Social Cultural Deportivo Bohemios« erhalten. Wohl eine Ehre, wie ich später vom selben Tischnachbarn erfahre.

In allen Vorstadt-Milongas werden ausschließlich klassische Tangos gespielt, keine Non-Tangos, keine Neo-Tangos, keine Experimente. Während es auf den *Milongas al Centro de Ciudad* (Innenstadt-Milongas) manchmal einen Volkstanz gibt, wie z. B. eine Chacarera, werden in den Vorstadt-Milongas viele *Tandas* mit Salsa, Cumbre, Chamamé, Canyengue oder auch Rock 'n' Roll gespielt – und natürlich auch mit einer Chacarera.

Jede Milonga in den Vorstädten wird mit dem Klassiker *La Cumparsita* abgeschlossen. Dann weiß auch das letzte Paar: Jetzt ist Schluß.

Und noch ein gravierender Unterschied: Paare tanzen in den Milongas der *Barrios* nicht vor. Es gibt hier keinen Showtanz. Wozu auch? Hierzu Beto: »Meine Gäste tanzen alle schon lange. Die meisten haben es von ihrer Mutter gelernt. Was soll denen denn ein Paar für eine Show zeigen? Die wollen viel lieber einen Sänger hören. Das ist schöner, denn die meisten singen dann mit.«

In der Tat, auf einigen der von mir besuchten Milongas treten Sänger auf. Und jeder im Publikum schwelgt in schönsten Erinnerungen. Das sehe ich an ihren leuchtenden Augen.

Meine Tanzlehrerin Enriqueta Kleinman meint, daß sie an Kleinigkeiten erkennen kann, aus welchem Stadtteil ihr Partner kommt. In den Vorstädten wird meist *Apilado* (gemeinsame Achse im Milonguero-Stil) getanzt. Die einen lehnen sich stärker gegeneinander, andere weniger stark. Die einen beugen die Knie mehr, die anderen weniger. Die Dame wird mit der Brust geführt. Es ist der direkte Dialog zwischen zwei Körpern, Kommunikation ohne Worte.

Salon-Tango hingegen wird etwas offener getanzt, ist schön anzusehen, die Schritte sind vielleicht größer und mehr Figuren sind möglich. Er wird in den Vorstädten weniger getanzt.

Hier in den *Barrios* spüre ich: Der Milonguero-Stil kommt aus des Volkes Seele. Der Respekt vor dem anderen ist deutlich, die Menschen sind höflich zueinander. Damen werden auf dem Weg zur Tanzfläche vorgelassen, nicht nur die eigene Tänzerin. Man zieht den Stuhl weg, wenn sie aufsteht, schiebt ihn wieder hin, wenn sie sich setzen will, hilft ihr in die Jacke, gibt ihr Feuer (draußen) und läßt ihr all die Zeit beim Tango, die sie für sich beansprucht.

In den *Barrios* ist eine Frau eine Dame und ein Mann ist ein Herr. Es wirkt nicht anerzogen, es kommt aus dem Herzen. So wie der Tango.

Klaus Hympendahl
(Unter demselben Titel erschien bereits ein Artikel des Autors
in Nummer 48 der Zeitschrift »Tangodanza«/*Anm. des Hg.*)

Danke Argentinien …

für Hunderte von Nächten, die ich ohne dich verschlafen hätte
für Hinterhöfe, die ich ohne deine Musik niemals betreten hätte
für Tausende von Kilometern, die ich zu deiner Musik fuhr
für Menschen, die ich sonst nie kennengelernt hätte
für Fresedo, de Caro, di Sarli, D'Arienzo, Pugliese,
für »Poema«, »Una emocion«, »Mi noche triste«
für Troilo, D'Agostino und klar: für Piazzolla
für meinen eigenen Favoriten »Amarras«
und natürlich für Gardel's »Volver«

für erwartungsvolle Fahrten zu Milongas
für sehr späte Rückfahrten kurz vor dem Tiefschlaf
für gefährliche Anfahrten durch dichtes Schneetreiben
für elend lange Staus, wunderschön verkürzt durch deine Musik
für all diese kühlen Open-Air-Abende, die fast immer heiß endeten
für raues, unregelmäßiges Pflaster, das mir niemals etwas ausmachte
für die unzähligen Tänzerinnen, die du alle schöner gemacht hast
für die stets aufs Neue aufregenden Umarmungen mit ihnen
für die immer wieder anders gefühlten Emotionen
für das danach geflüsterte »schön, danke dir«
für den kleinen Händedruck als stilles Lob
für den Satz: »Schaffst du noch einen?«
für das tiefe Schweigen beim Tanz

für Gleichgesinnte
für die Gleichfühlenden
für all meine Tangolehrer
für diese neue Körpersprache
für meine bessere Körperhaltung
für meine Fernreisen zu deinen Wurzeln
für die Milongas – wo immer ich auch hinreiste
für Tanzböden, die ich sonst nie beachtet hätte
für drei Minuten, die einen Abend ausmachen
für die Harmonie zweier fremder Körper
für den Empfang unbekannter Signale

für diese Zeit des nur Zuschauens
für die Zeit des nur Zuhörens
für die Zeit der Spannung
für die der Entspannung
für die Konzentration
für das Spielerische
für das Prickelnde
für ein Lächeln

für die Ränke
für die Dekolletés
für die Eifersüchteleien
für diese glitzernden Pumps
für die neuen glücklichen Paare, auch
für die Unglücklichen, bei denen es nicht paßt
für Paare, die sich zu deiner Musik eng anschmiegen
für die, die bereits beim Frühstück deiner Musik zuhören
für die, die allein in ihrem Appartement mit Tango einschlafen
und für all diejenigen, die vor Spannung nicht in den Schlaf finden
für Autoren wie Wolfram Fleischhauer, Tomás Martinez, Elsa Osario
für euren genialen Poeten und Schriftsteller Jorge Luis Borges
für die Top-Tänzer Roxona Suárez und Sebastián Achával
für die heißeste Tangoband auf Erden Sexteto Milonguero
für die Bands Gotan Project, Bajofondo oder Otros Aires
für Filme wie »Tango Lesson« und »Der letzte Applaus«
für die Hunderte von Tango-Videos auf YouTube
für die vielen Musikkritiker unter den Tänzern
für die Nerds, die die Internetseiten machen
für die Ärmsten, die an den Kassen sitzen
für die klassischen Milongueros
für den Tango Nuevo
für alle DJs

für unerfüllte Erwartungen
für Schritte, die nicht klappten
für Figuren, die furchtbar endeten
für Figuren, die längst vergessen sind
für Nächte, die einfach für die Katz waren
für diese Workshops, die gar nichts brachten
für Frauen, die mich ignorierten, die mich schnitten
für enttäuschende Milongas, die ich depressiv verließ
für die Steine, die du mir in den Weg gelegt hast
für all die Schwierigkeiten und Niederlagen
auch für unzählige Enttäuschungen
für die vielen Mißverständnisse
für das Ausharren am Tanzen
für die Sucht nach Tango
für deren Erfüllung

für die vielen Strähnen, die mein Gesicht streichelten
für die geschlossenen Augen, die ich nur erahnte
für all diese unzähligen vertrauten Wangen
für die vielen zarten Hände, die ich hielt
für Parfums, die mich high machten
für den Schweiß auf meiner Stirn
für meine schmerzenden Füße
für die vielen neuen Körper
für den stillen Genuss
für diese tiefe Lust

Klaus Hympendahl

Die Deutschen, das Bier, der Tango und der Candombe

Ungefähr zwischen 1860 und 1890, zeitgleich mit den ersten Tangos, tauchten am Rio de la Plata die Deutschen mit ihren Brauereien auf. In Montevideo gründete Konrad Niding 1866 die erste Brauerei »La Popular«, die er 1877 an den Österreicher Eduard Richling verkaufte um dann 1890 »La Montevideana« zu gründen.

1892 gesellte sich dann der Preuße Friedrich Mux mit der »Germania« hinzu. Die damalige Bankenkrise zwang die Brauereikontrahenten zu einer Fusion und so entstand die »Cervecería Uruguaya«, eine Aktiengesellschaft die von August Hoffman, einem deutschen Bankier, aus dem Hintergrund gesteuert wurde.

Als Renommierbau und Aushängeschild der Gesellschaft wurde der »Palacio de la Cerveza« (Bierpalast) im Art deco Stil 1925 in der Straße Yatay 1419 erbaut. Ein ausgedehnter Biergarten, »Parque Munich« genannt, schloß direkt an das Gebäude an. In diesem Bierpalast fand 1935 die legendäre Tagung der Synode der evangelischen Kirche vom Rio de La Plata statt. Die Presse der Zeit wußte zu berichten wie die evangelischen Pfarrer die Bierbestände des Palastes leerten.

Bierwerbung mit »typisch« deutschem Image

»Palacio de la cerveza« nach seiner Erbauung 1925

Doch nicht immer waren derart trinkfreudige Gäste zu Besuch, so daß ab 1939 der Bierkonsum mit der Darbietung von Livemusik gefördert werden sollte. Die populäre Musik dieser Zeit war der Tango. So startete Pintín Castellanos mit seinem unvergeßlichen Orquesta Típica mit Alfredo Gobbi an der Violine die Vorstellungen. Sein Stil war rhythmisch,

Der »Palacio de la cerveza«
um 1930

Der Porzellan Zapfhahn
um 1928

Alberto Castillo im »Palacio Sudamerica« (1956)

akzentuiert und zur Unterstützung der Milongas wurden die Candombe-Trommeln eingesetzt.

Ein volles Haus war garantiert, und die Milonga-Candombe, als ein Kind des Palacio de la Cerveza in Montevideo geboren. Ab dann wanderten über die Bühne des Bierpalastes die großen Namen jener Zeit: Francisco Canaro, Juan D'Arienzo, Aníbal Troilo, Leopoldo Federico und Sänger wie Julio Sosa, Carlos Roldán etc.

1953 schloß der »Palacio de la Cerveza« seine Türen. Zwei Jahre später wurde er vom »Club Atlético Sudamerica« unter Leitung von Roque Santucci gekauft und auf »Palacio Sudamerica« umgetauft. Santucci ließ die Tango-Aktivitäten wieder aufleben und engagierte 1956 Alberto Castillo, der schon in den Vierzigern hier die Bühne frequentierte. Der Einfluß dieser Zeit ist deutlich in seinem Repertoire zu hören, besonders in seinen Candombes, die er dann auch nach Buenos Aires brachte. (»Baile de los morenos«, »Estampa del 900« etc.) Jetzt mit einem Exclusiv-Vertrag der Biermarke »Doble Uruguaya« ausgestattet, stand er regelmäßig auf der Bühne des Palacio Sudamerica. Seine Auftritte wurden live über Radio Carve unter das Volk gebracht. In den sechziger und siebziger Jahren wurde das Musikrepertoire im Palacio Sudamerica durch Música Tropical (aus der Karibik) erweitert und die Tanzpisten getrennt. Im unteren Stockwerk spielte man Tropical mit Sonora Palacios, Combo Camaguay etc. während die Orquestas típicas im 1. Obergeschoß gastierten: Roberto Firpo, Donato Racciatti, Francisco Canaro, Miguel Villasboas, Nicolas Agapio.

Anfang der siebziger Jahre kamen hier noch ca. 1800 bis 2000 Gäste jedes Wochenende zum Tanzen. Der Eintritt im Palacio Sudamerica kostete genauso viel wie ein Ticket mit dem Stadtbus.

Am Eingang wurde man von der Polizei auf Waffen gefilzt und Zuhälter gingen hier mit ihren Dirnen auf Kundenfang. Ein Pflaster, das auch einigen Berli-

Das Erdgeschoß des »Palacio Sudamerica«: die »Pista Tropical« *Photo: Alexander Mága (1991)*

Im ersten Stock: die »Pista Tango« des »Palacio Sudamerica« *Photo: Alexander Mága (1991)*

Der Haupteingang 1991, Schrift auf der linken Seite: »Palacio Sudamerica«,
auf der rechten: »Las mejores Orquestas«   *Photo: Alexander Mága*

nern, die dort zu Besuch waren, Respekt abverlangte. Im Jahr 2009 verkaufte der
»Club Atlético Sudamerica« das Gebäude an private Investoren und seitdem gibt
es dort nur noch die »Interbailables«, ein Tanzabend, der jeden Sonntag von 21:30
bis 0:30 geht. Das »Estudio Sudamerica« in Berlin (die erste Tangoschule Deutsch-
lands/*Anm. des Hg.*) hat seinen Namen nach dem Palacio Sudamerica erhalten, denn
dieser Tanzsalon inspirierte den Autor in seiner Jugendzeit zum Tanzen (1971–73).

Juan Dietrich Lange

TANGO IN BERLIN
DIE GRÜNDERZEIT
TEIL I

Paulina van Bakel und Michael Rühl 2014 im Stern-Foyer der Berliner Volksbühne   *Photo: Harald Keller*

Diktatur und die Renaissance des Tango im Exil

Juan D. Lange kam 1973 nach Deutschland, von seinem Heimatland Uruguay aus. Mit siebzehn Jahren hatte er da einen Monat im Gefängnis verbracht, ohne Verurteilung: aufgrund der Mitgliedschaft in einer regierungskritischen Gruppierung. Die Vorbereitungen für einen Militärputsch *(Operación Condor)* lagen in vollen Zügen. Seine Abreise kam gerade noch rechtzeitig, denn als er Hamburg mit dem Schiff erreichte, putschte in Uruguay bereits das Militär. Die USA stockten die Militärhilfe signifikant auf und der Putsch in Chile und Argentinien ließ nicht lange auf sich warten.

Tango, der Tanz, der in den Arbeiter-Vororten von Buenos Aires und Montevideo um die vorletzte Jahrhundertwende geboren wurde und sich in den 40iger Jahren zur Basis von Argentiniens kultureller Identität entwickelt hatte, war in seiner Heimat für lange Zeit eingeschlafen.

»Tango war während der Diktatur nicht ausdrücklich verboten«, sagt Juan Dietrich dazu, einen der Mythen der Tango-Geschichte auf den Müll werfend. »Es waren ganz einfach alle Versammlungen von mehr als zwei Personen verboten. Und Osvaldo Pugliese (einer der großen Komponisten und stilprägenden Musiker) zum Beispiel war auch nicht eingesperrt worden, weil er Tangos spielte, sondern weil er Kommunist war – und um sein Orchester seiner Führung zu berauben.« Der Popularitätsverlust des Tango, erklärt er, liege vielmehr in einem klassischen Generationen-Konflikt begründet. »Tango verkörperte einfach alles, das alt – gewesen – und konservativ war. Meine Freunde und ich, eigentlich die gesamte Jugend, standen auf Rock-Musik.«

Nachdem Juan D. Lange das Schiff »Cap San Lorenzo« der Hamburg-Süd Reederei in Montevideo als Deckarbeiter bestieg, war er froh, der drohenden Militärdiktatur entgangen zu sein. In Hamburg besuchte er seinen Onkel und war offenbar derart von dessen Einstellung entsetzt, daß er sofort seine Reise nach Frankfurt antrat, wo er einige Jahre bei einer Tante wohnte und das deutsche Abitur absolvierte. 1977 kam dann der Einberufungsbefehl von der Bundeswehr und Juan Dietrich zog nach West-Berlin, denn Militärdienst kam nicht mehr in Frage. An der FU Berlin nahm er dann das Ethnologiestudium auf.

Als die anfängliche Euphorie über das Leben in Europa zu verfliegen begann, empfanden er und seine Freunde ein zunehmendes Maß an Desorientierung. »Nach und nach wurde uns klar, daß die Rock 'n' Roll-Rebellion nichts mit uns zu tun hatte«, sagt er, »und wir begannen, uns nach einer tieferen Verbindung zu unserem Heimatland umzusehen.« So begaben sich viele Exilanten auf die Suche nach ihren kulturellen Wurzeln. Bei Juan Dietrich gestaltete sich diese zunächst in intellektueller Weise, indem er das *Funktionieren* von Kulturen und deren Auswirkungen auf das Individuum studierte. Aber bald schon nahm sie eine persönlichere und mehr körperorientierte Form an. Die Idee des Kulturimports nach Europa, eine Art von *Entwicklungshilfe für den Alten Kontinent*, wie er das später in seinen Kursen gelegentlich nannte, nahm konkretere Formen an.

Ralf Sartori

Die Wiederkehr des Tango nach Europa

In den 70er Jahren wird die südliche Hemisphäre Lateinamerikas von einer Serie brutaler Militärputsche heimgesucht. Diese Serie beginnt Mitte 1973 in Uruguay mit der Auflösung des Parlaments durch eine Militärjunta. Tausende von Uruguayern (bis 1976 verläßt ein Drittel der Bevölkerung das eigene Land) gehen ins Exil nach Argentinien und Chile. Knapp drei Monate später, im September 1973, schlägt das Militär unter der Führung von Pinochet in Chile zu. Tausende von Chilenen fliehen nach Argentinien, Mexiko, Schweden und andere hilfsbereite Länder. Der Kessel schließt sich dann, als 1976 in Argentinien die Militärjunta putscht und abermals Tausende von Menschen flüchten müssen. Zu diesem Zeitpunkt verspricht nur noch Europa Rettung vor Verfolgung, Gefängnis, Folter und Tod. Es beginnt das Leben im Exil in Holland, Frankreich, Spanien, Schweden, der Bundesrepublik und anderen Ländern.

Der Wohlstand tut gut, und doch bleibt ein Gefühl des schmerzhaften Verlustes: Heimweh, die Freunde, das Stadtviertel, die Fiestas, die Frauen, die Männer, die offenen Umgangsformen, die Spontanität, die Improvisation, das Lebensgefühl und manches mehr. Der Verlust schmerzt und die Gefühle führen zurück in die Heimat, auf der Suche nach bekannten Ausdrucksformen, die das Leid ausdrücken können. Für Uruguayer und Argentinier ist es der Tango. Aus der Erinnerung wird langsam eine Rekonstruktion gewagt. Mit der Musik und dem Gesang beginnt die Tango-Bewegung unter den südamerikanischen Exilanten in Paris. Sie schaffen sich im November 1981 ihre eigene Bühne: das »Trottoirs de Buenos Aires«. Hier sind Juan José Mosalini, das Cuarteto Cedrón, Valería Munariz, Susana Rinaldi, Joséfina, Jacinta und andere zu Hause. Auf dem Horizonte-Festival 1982 in Berlin entsteht dann der finanzielle Rahmen, alle diese Tango-Größen gleichzeitig vorzustellen. Im Künstlerhaus Bethanien wird der »Tango Palast« von Daniel Zelaya und Juan Carlos Castaldi entworfen. Hier tritt die damalige Pariser Musikszene auf: Juan José Mosalini, das Cuarteto Cedrón und das Sexteto Mayor, das damals gerade im »Trottoirs de Buenos Aires« gastierte. In der Philharmonie spielen Astor Piazzolla und Susana Rinaldi. Es gelang den Exilmusikern, mit Unterstützung Astor Piazzolas, das Interesse für den Tango bei den Bewohnern der Alten Welt zu wecken. Tango Nuevo wurde er genannt. Anfangs nahm man ihn mit großer Verwirrung, und dann mit zunehmender Begeisterung auf. Der Tanz ließ auf sich warten. Das europäische Klischee war allgegenwärtig. So sah man im Tango Palast 1982 zwei Welten aufeinanderprallen, die eine, bestehend aus den europäischen Matadoren, die in Akkordarbeit versuchten, ihre Frauen zu konzertanter Musik aufs Kreuz zu legen, während sie mit verächtlich strafender Miene auf jene Dilettanten schauten, die eine andere Welt darstellten: Ein paar eng umschlungene Pärchen, die sich zur *Pausenmusik* von Juan D'Arienzo und Di Sarli kaum von der Stelle bewegten und mit verzögerten, langsamen Bewegungen die körperliche Nähe suchten, um sich ein wenig Wärme und Geborgenheit zu geben. Die Melancholie von Buenos Aires und Montevideo war in Berlin eingetroffen, doch es brauchte noch viel Zeit, Geduld und Ausdauer, bis sie ihre wirklichen Freunde gefunden hatte.

Folgende Lateinamerikanerinnen und Lateinamerikaner begannen im Exil mit Tango-Aktivitäten (Ort und Jahreszahl geben den Beginn der Tätigkeit an):

> *Juan Gelman* (Texter vom Cuarteto Cedrón, Paris 1977)
> *Cesar Strocio* (Bandoneonist vom Cuarteto Cedrón, Paris 1977)
> *Daniel Amaro* (Musiker, »Tangos a la ciudad de Montevideo«, Madrid 1977)
> *Valería Munariz* (Sängerin »Je te chanterai un Tango …«, Paris 1977)
> *José Luis Castineiras de Dios* (Musiker, Komponist, Paris 1977)
> *Juan José Mosalini* (Bandoneonist »Tango Rojo«, Paris 1977)
> *Gustavo Beytelman* (Musiker, Pianist, Paris 1977)
> *Susana Rinaldi* (Sängerin »Buenos Aires – Paris«, Paris 1979)
> *Ciro Perez* (Guitarrist »Canyengue«, Paris 1980)
> *Juan Tajes* (Sänger, Tango 4, Amsterdam 1981)
> *Juan Carlos Castaldi* (Soziologe, Psychologe, Berlin 1981, Zusammenstellung Katalog »Melancholie der Vorstadt – Tango«) Festival de Horizonte, Berlin 1982
> *Juan D. Lange* (Ethnologe, Tänzer, Berlin 1982)
> *Mirta und Gustavo* (Tanzpaar, Amsterdam 1982)
> *Ana Bayer* (Tanzlehrerin, Choreographin, Berlin 1983)

Sie sind die wichtigsten Tango-Pioniere im Exil, doch ohne die Unterstützung der vielen unbekannten Personen aus Lateinamerika und aus Europa in der damaligen Zeit hätte der Tango keine Überlebenschance gehabt.

Der Katalog, den Juan Carlos Castaldi damals zusammengestellt hatte, erschien unter demselben Titel, »Tango, Melancholie der Vorstadt«, im Berliner Verlag »Fröhlich und Kaufmann« und teilt das leider zeitgemäße und so typische Schicksal vieler wichtiger und wertvoller Bücher, die nicht mehr im Handel sind, da sie nicht mehr verlegt werden.

Juan Dietrich Lange

DIE ANFÄNGE DES BERLINER TANGO

Wie bei mir alles begann mit dem Tango? Also genaugenommen versuchte ich, meine Abschlußarbeit in Ethnologie zu schreiben; mit dem Thema *Kultur-Fusion*, das heißt, die Vermischung einzelner Kulturen, als zentralen Punkt dabei. Dazu bekam ich immer wieder Anregungen von meinem Freund Juan Carlos Castaldi, der damals Soziologie und Psychologie studierte. Zu jener Zeit stellte er gerade den Katalog »Tango – Melancholie der Vorstadt« zusammen. Er fragte mich, ob ich nicht etwas über den Tango machen wolle. Die Idee gefiel mir und ich begann, mich damit zu beschäftigen. Und weil er wußte, daß ich mich schon immer für Tanz interessierte, warf er mir Unterlagen über den Tango als Tanz auf den Schreibtisch. So machte ich mich daran, meine Abschlußarbeit in Ethnologie über Kultur-Fusion anhand des Tango zu schreiben und einzelne ethnologische Theorien daraufhin anzuwenden – auf das, was ich an Material auffand. Dabei faszinierten mich die Tanzschritte, die in diesem Material beschrieben wurden derart, daß ich anfing, sie mit meiner damaligen Tanzpartnerin Schirin – einer Perserin – zu üben. Nach vier Wochen war sie allerdings schon wieder weg, weil ich ihr wohl zu oft auf die Füße getreten habe. Es waren zu komplizierte Beschreibungen, um sie sofort in die Praxis umzusetzen. Daraufhin übte ich noch etwa sechs bis neun Monate alleine in Ermangelung einer Tanzpartnerin mit zwei Stöcken weiter. Die Übung mit den Stöcken sollte sich auszahlen.

Danach traf ich die Tänzerin Ana Bayer. Sie kam aus Argentinien und hatte schon eine recht gute Idee, wie man Tango tanzt, und so klappte es dann recht gut. Wir gingen zu der Zeit öfter in eine Berliner Salsakneipe in der Wielandstraße, ins »Salsa«. Und die Latinos, die dort herumsaßen, meinten hin und wieder: »Juan, tanz doch mal wieder einen Tango.«

Dann drehten wir da aus unserem rudimentären Material ab und zu einige Tangorunden. Die ersten vier Jahre blieb ich völliger Autodidakt damit, von 1980 bis 1984. Es gab noch nicht einmal Filme oder Videos, um davon zu lernen, nur Tanz-Zeitschriften. Die beiden Hauptquellen, die ich damals gefunden hatte, waren »Secrets of Tango« von Juan Barassa aus London (1913), und von Lima Nicanor »Tango Argentino« aus Buenos Aires (1916). Es gelang mir, aus Büchern tanzen zu lernen, da ich grundsätzlich tanzen konnte – denn seit meinem dreizehnten Lebensjahr war ich in Begleitung meines Vaters in Uruguay auf öffentliche »Bailes« gegangen. Damals tanzte ich Vals (Walzer), Polka, Salsa, Cumbia, auch deutsche Tänze wie Zwiefacher, Rheinländer wurden manchmal im Alpenländerklub aufgelegt. Auf diesen Tanzveranstaltungen war Tango allerdings nur eine Musik unter vielen, als Teil des üblichen Repertoirs. Auf einer Hochzeit im Inland Uruguays wurde beispielsweise alles Mögliche gespielt. Und ab 23 Uhr, bis Mitternacht, kam die Runde für die Alten, bevor sie müde wurden – mit Tango. Danach ging's dann weiter – vielleicht mit »Pink Floyd« und »Deep Purple« und dann gab's noch mal was für die Rock 'n' Roll-Fans etc. Und in dieser Form war eigentlich damals auch der Tango auf dem Land populär.

In Montevideo liegen die zentraleren Punkte wie »Tangueria del Cuarenta«, »Palacio Sudamerica«, »Casa Galicia«, »Palacio Salvo« und die berühmten »Bailes de Betancourt« – das waren große Tanzfeste, die der Veranstalter Betancourt in unterschiedlichen Sälen der Stadt gab. Und diese *Bailes* hatten auch nicht den Milonga-Charakter, den man heute kennt. Dort wurde ungefähr eine dreiviertel Stunde *Música Tropical* (Cumbia und Salsa) gespielt und eine dreiviertel Stunde *Música típica,* also Tango, Milonga, Candombe und Vals – so nannte man die zwei Musikrichtungen damals. Das war auch in Buenos Aires nicht anders – bis in die 80er Jahre. Ab 1987 etwa kamen dann die Europäer mit einem speziellen Dogmatismus und Geschmack, was den Tango angeht; so entstand das *Fünf-Stunden-ununterbrochen-Tangotanzen*, bis der Tango Nuevo ca. 15 Jahre später etwas Abwechslung für die Ohren brachte. All die bekannten DJs, wie »Picherna« zum Beispiel, legten in den 80er Jahren noch ganz anders auf – alle! Das war nicht eine Frage des Stils, sondern der Wirtschaftlichkeit. Um den Umsatz auf einer Milonga hochzutreiben, war es wichtig, die Menschen in Bewegung zu bringen. Eine der wesentlichen Techniken eines damaligen DJs war es, in einem einzigen Wechsel am Ende einer »Tanda« einen kompletten Wechsel des Publikums von der Tanzfläche zu erreichen. Die Tanzenden sollten trinken und die Sitzenden sollten tanzen, so einfach war die Formel. Eine Tanda schweißtreibender Tänze war eine Pflicht des DJs: Rock 'n' Roll, Cumbia oder Tropical genauso wie Jazz oder Swing, in Uruguay war es der Candombe. Daß sich das geändert hat, liegt einerseits am Erwartungsdruck der Europäer und andererseits an den wirtschaftlichen Erwartungen der hiesigen Milongabetreiber, denn jetzt waren es die Ausländer, die Geld hatten, und die wollten von den anderen Tänzen erstmal nichts wissen.

Der Europäer tat sich schwer mit den rasanten Stimmungswechseln in der Musik. Man betrachtete sie mehr als Stilbruch und war nicht bereit anzuerkennen, daß es eher an der mangelnden Flexibilität und der Bereitschaft mitzumachen lag. Der Europäer ist mit seinem Gefühl meistens sehr fixiert und lebt stärker in einer Gedankenwelt. Er schafft nicht so leicht die spontane Umschaltung im Moment, von einem Gefühl zum anderen. Ein Europäer fühlt sich dann leicht gestört, wenn er, nachdem er eine halbe Stunde Tango getanzt hat, plötzlich fröhliche Musik hört. Hinzu kommt, daß es in Südamerika nicht so sehr diese ausgeprägten Szene-Nischen nach Alter und Geschmack gibt. Man feiert mehr miteinander, die Menschen verschiedener Generationen, mit den unterschiedlichsten Vorlieben und Musik-Geschmäckern. Altersunterschiede und Geschmack wirken nicht so trennend wie in Europa. Auf dieser Basis und in jenem Milieu fand ich meine Grund-Ausbildung im Tanz. Das war kein spezialisierter Unterricht, wie man das von hier so kennt. Jeder hat mir einfach mal zwischendurch 'nen Tip gegeben. Wenn man Schwierigkeiten hatte, eine unbekannte Musik tänzerisch umzusetzen, war es üblich, daß man von Freunden gesagt bekam: »baila dos por uno«, »tanze zwei gegen eins.« »Zwei gegen eins« entspricht, wie ich später erkannt habe, dem, was man hier als Discofox bezeichnet. Zwei auf eins ist dort aber einfach nur eine Methode, um mitzutanzen: und zwar zwei Schritte mit links und einen mit rechts, sonst nichts, keine Philosophie, kein Name, einfach Tanz, ein Muster, um unfall-frei das Musikstück und die Partnerin zu genießen; es konnte allerdings auch noch schlechter aussehen, wenn man eine »Chica« (Dame) aufforderte und dann nur von rechts auf links stolperte. Diese Tanzart war sozusagen die schlechteste aller Optionen und nannte sich »uno por uno«. Damit konnte man im Zweifelsfall jede Musik und jeden Tanz bewältigen. Auch den Tango ereilte öfter mal dieses Schick-sal. Das war dann das Standard-Muster, wenn überhaupt nichts ging. Eins rechts, eins links und schon klappte es. Der Rat war »Gefühl«. Heute wird es »caminar« genannt, und es werden philosophische Abhandlungen darüber geschrieben. Um sich vom gemeinen Tanzvolk zu unterscheiden, mußte man dann schon verdammt elegant gehen (caminar), und das taten die Milongueros dann auch, genauso wie heute.

Das Lernen aus Büchern fiel mir nicht so schwer, da ich den Paartanz schon ziem-lich verinnerlicht hatte, als ich 1973 nach Deutschland kam. Damals wunderte ich mich, daß die Leute in Discos gehen und immer so alleine, isoliert herumstehen, an-statt miteinander tanzen und sich zu umarmen. Mir kam das alles ziemlich komisch vor und ich fühlte mich da sehr fremd, insbesondere schien es uncool, sich als Mann für Frauen zu interessieren. Doch das war in Uruguay der wesentliche Grund, um auf einen »Bailongo« zu gehen. Verkehrte Welten!

Am Anfang gab ich in Berlin Unterricht in Workshops, ohne an einen speziellen Raum gebunden zu sein. Auslöser dafür war, als ich in dem Salsa-Laden in der Wie-landstraße wieder einmal mit Ilse, meiner zweiten Tanzpartnerin, vorgetanzt hatte, und Daniel, ein Uruguayer, zu mir kam und sagte: »Mensch, du tanzt ja genau wie mein Opa. Wo hast du denn diesen alten Stil her?« Ich antwortete ihm, daß das eben aus diesen alten Büchern von damals stammt. Darauf meinte er: »Das ist ja unglaub-lich – das mußt du unterrichten.« Dies ist der sogenannte Zwanziger-Jahre-Stil.

Ilse und Juan 1983

Jener Daniel war also der Erste, der mich überhaupt auf die Idee dazu gebracht hatte. Bevor ich aber tatsächlich zu unterrichten begann, übte ich mit wechselnden Partnerinnen und lernte die anfangs recht komplizierten Tanzschritte weiter.

Dann kam 1982 das »Horizonte-Festival«, unter anderem auch mit dem Tango, nach Berlin. Im »Tango Palast« im »Künstlerhaus Bethanien«, den Juan Carlos Castaldi und Daniel Zelaya organisiert hatten, sah ich, wie die Menschen versuchten, Tango zu tanzen, und mir wurde klar, daß dieser nur darauf wartete, entdeckt zu werden.

Ein zufälliges Ereignis sollte mir dabei helfen. Ich war mit meinem Taxi in der Stadt unterwegs und besuchte die Tourismusbörse in den Messehallen. Am Stand von Argentinien sah ich ein Paar wunderschön Tango tanzen. Niemand war sonst da, kein Zuschauer blieb stehen. Ich stand daneben und starrte auf die vielfältigen Kombinationen der Schritte und auf die Art, diese zu tanzen, in der Hoffnung, irgend etwas für mich entdecken zu können. Schließlich kam die Tänzerin auf mich zu und fragte, ob ich auch tanzen wollte. Ich war so perplex, daß ich sagte, daß ich das, was sie da tanzen, nicht kann, aber ich könnte einen anderen Tango, den aus Uruguay. Sie stellte sich mit »Elsa Maria« vor und sagte, ich sollte mir keine Sorgen machen, es gebe nur einen Tango, und wenn man führen kann, kann man auch alle Schritte tanzen. Da halfen keine Ausreden mehr und ich nahm sie in den Arm und legte los. Der erste Tango klappte dann auf Anhieb zu circa 80 Prozent, und 20 Prozent bestanden aus Mißverständnissen. Daraufhin vergaß ich mein Taxi draußen und begann einen intensiven Austausch über das Tangotanzen.

El Mayoral und Elsa Maria halfen mir, viele meiner Fragen zu beantworten. Das wichtigste, was ich von ihnen gelernt hatte, war, wie die Führungstechnik mit der speziellen Frauenhaltung zusammenhing. Es war eine Art von Erleuchtung, die ich da hatte, und viele der Fragen, die aus den Schrittaufzeichnungen heraus entstanden waren, wurden dort endlich beantwortet. Ich hatte das Gefühl, den Quellcode des Tango erfahren zu haben. Alles bekam plötzlich einen Sinn. Zum Entsetzen meines Taxichefs kündigte ich in derselben Woche noch und sagte ihm, daß ich nicht mehr Taxi fahren werde. So verbrachte ich meine gesamte Zeit am Stand von Argentinien auf der Tourismusbörse mit Elsa Maria und El Mayoral und lernte den Tango von der praktischen Seite her kennen. Ich fühlte mich langsam reif, Unterricht zu geben.

Mein erster Ort dafür lag in der Bülowstraße 90. Das war eine Fabriketage, die ich gemietet hatte. Daraufhin wechselte ich in die Hasenheide 52, wo ich Wochenend-Workshops gab. Später kamen dann »Gitti und Geli« mit »TanzArt« in meine Nachbarschaft, um dort selbst Unterricht zu geben. Brigitte nahm mit ihrem damaligen Partner Leo Lewandowski an einem meiner Workshops teil. Angelika hatte wiederum bei Brigitte ihre ersten Schritte gelernt.

Dem Tango auf die Beine geholfen zu haben, zähle ich zu meinen Verdiensten der damaligen Zeit. Als er dann stehen konnte, fing er bald an, selbst zu laufen, und manchmal war ich nicht wirklich erfreut, in welche Richtung er lief. Schon damals war mir bewußt, daß es schwierig wird, eine gewisse Authentizität im Tango aufrechtzuerhalten. Deshalb war die Strategie der ersten Zeit auch nicht, massiv in die Breite zu gehen, sondern eher eine Subkultur, einen ersten Kern von Tänzern in Berlin zu bilden, die es nicht zuließen, den Tango vom Rio de la Plata mit dem allseits verbreiteten europäischen Tango zu vermischen. In den ersten Workshops richtete ich immer wieder die Frage an meine neuen Schüler: Woher, glaubt ihr, kommt der Tango? Zu meiner Verblüffung erhielt ich fast immer, zu etwa 90 Prozent, die Angabe, daß er aus Paris komme.

Mein ethnologisches Wissen sagte mir, wenn man jetzt hier den Original-Tango einführen würde, gäbe es eigentlich keine Alternative zum Erfolg. Da der Tango für die deutsche Gesellschaft, und nicht nur für die deutsche, in seiner Ur-Essenz so etwas komplett Neues war, hätten die Medien schon taub sein müssen, wenn sie nicht darüber berichteten. Und so organisierte ich dann 1983 in Berlin, nach genau 50 Jahren, zum ersten Mal wieder einen reinen Tango-Ball im »Metropol«. Der letzte Tango-Ball war 1933 in Berlin gewesen, wie ich recherchiert hatte. Mit diesen Aufmachern informierte ich die Presse. Und da waren die Leute dann tatsächlich völlig von den Socken.

Daraufhin fing ich an, Workshops zu geben. Eineinhalb Jahre lang hatte ich damit nicht viel Erfolg. Den Lebensunterhalt mußte ich mir weiter mit Taxifahren verdienen. Keiner glaubte damals daran, daß der Tango Erfolg haben könnte. »Das kannst du voll vergessen, Paartanz hier und jetzt in dieser Zeit.« Nun, ich fuhr zu der Zeit viel Taxi und tanzte eher mal als Ausgleich. Alle vier Wochen gab es einen Workshop. So nach einem Jahr hatte ich dann aber zum ersten Mal einen gutbesuchten Kurs. Nachdem noch weitere solcher Kurse folgten, bildeten sich daraus die ersten kleinen Übungskreise, die im Dachstuhl in der Muskauer Straße tanzten oder in der Hasenheide 52 den Raum mieteten (z. B. das »Tangosyndikat«) in dem ich auch unterrichtete. Aus diesen ersten Gruppen entstand später die Szene.

Bevor ich mein erstes eigenes Studio eröffnete, mietete ich noch andere Räume an. Montags war ich im »Centralpark« in der Windscheidtstraße, dienstags unterrichtete ich im Ballett-Zentrum in der Schlüterstraße. Hier startete dann auch Michael Rühl seine Tangolaufbahn. Am Mittwoch unterrichtete ich in der Schauspielschule Moabit usw. Als ich vier Tage voll ausgebucht war und jeden Abend in anderen Räumen, hatte ich so viel Kundschaft, daß ich es wagen konnte, ein eigenes Studio aufzumachen, allen Unkenrufen zum Trotze. Das war 1985 im Dauerwaldweg 2 (Grunewald). Ich nannte es »Estudio Sudamerica« zu Ehren des Palacio Sudamerica in Montevideo, in dem ich meine jugendliche Grundausbildung auf freier Wildbahn zum Tänzer gemacht hatte (siehe entsprechenden Artikel im Buch von Juan Dietrich Lange/*Anm. des Hg*).

Die »Tango BAR« im »Metropol-Theater« als wöchentliche Milonga   *Photos: privat*

Annette Lange und Juan D. Lange tanzen zum Klaus Gutjahr Tango Ensemble, 2. Tango-Ball in der UFA, 1984

Nachdem meine *Wanderkurse* ein festes Zuhause bekommen hatten – und ich die erste wöchentliche Milonga, die »Tango BAR« im »Metropol-Theater« am Nollendorfplatz veranstaltete, konnte ich mich nun endlich ganz auf den Tango konzentrieren.

Meine Ethnologie-Arbeit schrieb ich, nachdem ich mit dem Unterrichten begonnen hatte, nie mehr fertig, da ich ja gleich in die Praxis eingestiegen war. Die Abschlußprüfung wäre doch nur noch ein reiner Beweis meiner Disziplin geworden; mit Wissen und Intelligenz hatte das meiner Meinung nach nicht viel zu tun. Da war ich recht radikal und bewies lieber mein Wissen in der Praxis und nicht vor einer Prüfungskommission. Ich wollte auch keine Uni-Karriere machen, zum Entsetzen meiner Mutter, sondern lieber über das Tanzen tief in die angewandte Ethnologie gehen. Das ethnologische Wissen, das ich hatte, genügte mir damals – doch bis heute lese ich noch gerne Bücher zu ethnologischen Themen. Mein Interesse für Multikulturelles hat auch nicht nachgelassen, da ich ja selbst aus so einer Mischung entstanden bin.

Westberlin schien in diesen Jahren für den Tango, um wieder aus der Versenkung aufzutauchen und sich in einer anderen Epoche weiterzuformen, der optimale Ort zum bestmöglichen Zeitpunkt, denn das »Horizonte-Festival« war ein klassisches Beispiel für ein staatlich herbeigeführtes Kulturereignis. Durch die großzügige Unterstützung seitens des Berliner Senats, als Folge des Wetteiferns der beiden Berlins, wurde die Eindeutschung des Tango möglich.

West-Berlin war bereits multikulturell, bevor dieses Wort überhaupt existierte. Die Mieten waren niedrig und die Stadt war voll von Linken, Pazifisten, Künstlern, Exilanten, Leuten, die mit wenig Geld auskamen und die ein starkes Interesse an anderen Kulturen miteinander verband. Also der beste Nährboden für solche Keimzellen.

Um mich selbst im Tango weiterzuentwickeln, plante ich eine Reise nach Buenos Aires und sah mich zuerst bei mehreren Lehrern um. Dabei kam mir zugute, daß ich durch Mayoral und Elsa Maria schon klar wußte, was Tango ist. Außerdem nahm ich einige Stunden Unterricht zusammen mit meiner Partnerin Annette und »Gitti und Geli« bei Eduardo Aquimbao. Doch mein Interesse ging in eine andere Richtung. Auch bei Juan Carlos Copes hatte ich Unterricht und gemerkt: Nee, das ist zwar alles sehr schön, elegant und okay, aber nach ein paar Stunden spürte ich, daß es das auch nicht war, was ich suchte. Erst 1986 fand ich meinen Lehrer und Ziehvater in Buenos Aires.

Als ich mit meiner Partnerin Annette in Buenos Aires ankam, studierten wir die Zeitung »Clarin«. In den Kleinanzeigen fanden wir zwei Anzeigen für Tango-Unterricht. Dort warben nur noch zwei Lehrer dafür. Das waren Pepito Avellaneda und Antonio Todaro. Andere unterrichteten in Buenos Aires damals nicht, selbst

Juan und Annette in der Show »Tango Típico« im »Metropol« (1986)   *Photo: privat*

wenn sie es heute behaupten. Auch Mingo Pugliese, Raul Bravo und so weiter, hatten keine Anzeigen im »Clarin«. 1985 lag der Tango dort noch ziemlich danieder. Miguel Zotto und Milena Plebs nahmen in dieser Zeit auch noch nicht Unterricht bei Antonio Todaro. Sie begannen damit erst 1987 und lösten dann den Boom in der jungen Generation von Buenos Aires aus. Die einzigen, die damals bei Antonio Privatunterricht hatten, waren Wouter Brave sowie Lalo und Mirta aus Amsterdam. Die Leute von der Amsterdamer Tango-Szene sind wiederum von meiner damaligen Partnerin Ana Bayer angesteckt worden, die von Berlin nach Amsterdam gegangen ist und dort den Tango unterrichtete.

Was ich nun bei Antonio fand, waren die unendlich vielen Kombinationen und Tango-Schritte. Ich brauchte keinen Unterricht in Tango-Gefühl oder sonstwas. Ich suchte einfach souveräne Tanztechnik und inhaltsreiche Schritte. Das Material von den anderen war mir einfach ein wenig zu banal und zu show-orientiert zu dieser Zeit. Natürlich hätte ich von all denen auch einige Zeit etwas lernen können. Doch darum ging es mir erst einmal gar nicht. Die Frage, die ich mir stellte, war vielmehr: *Könnte das mein Lehrer sein?* Als ich Antonio traf, wußte ich, daß er weit über das hinausging, was ich bis dahin gesehen, und auch gewagt hatte zu träumen. Nun, es gab 1986 nur diese zwei Anzeigen. Von Ana Bayer hatte ich gehört: »Pepito, das ist so'n kleiner Dicker, der tanzt hauptsächlich Milonga. Aber Tango ist bei ihm nicht so prickelnd.« Sie war schon bei ihm gewesen. Und aus dem Grund hab ich mich dann einfach für die Anzeige von Antonio entschieden. Als ich zu ihm kam, sah ich, daß er in drei Zimmern gleichzeitig unterrichtete. Zuerst saß ich nur in so einer Art Wartezimmer, wo nichts los war. Und in einem Raum – da tanzte er, mit einer circa vierzigjährigen Frau. Die Tür dorthin war nur ungefähr 30 Zentimeter weit geöffnet. Und hin und wieder tanzte Antonio mit jener Frau an diesem Spalt vorbei. Da sah ich, wie er tanzte – und was alles. Was er mit dieser Frau getanzt hatte, war so unglaublich, daß ich gleich vorne, bei seiner Sekräterin, 20 Einzelstunden vereinbarte – nur aufgrund dessen, was ich in kurzen Ausschnitten davon mitbekommen hatte. Das war eine völlig andere Ebene, als jene, in der sich die anderen mir bekannten Lehrer bewegten – das war so genial und salontechnisch so gut, populär und elegant, so kraftvoll und raffiniert, die Schritte. Da wußte ich: Das ist es, deswegen bin ich hierhergekommen. Damals zahlte ich, umgerechnet, circa einen Dollar pro Einzelstunde.

Antonio war sein ganzes Leben lang, ab seiner Jugend, im Tango tätig gewesen. Wenn es mal in all den Jahren ganz schlecht lief, hatte er eine Metzgerei – und ein anderes Mal ein Restaurant. Aber ansonsten war er durchgehend im Tango-Bereich beschäftigt gewesen.

Ab 1987 lud ich dann Antonio ein, nach Berlin und Amsterdam zu kommen. Von da an kam er über neun Jahre, einmal jährlich, zum Unterrichten nach Berlin. Auch Pepito Avellaneda kam ein paarmal. Das waren die ersten Gastlehrer aus Buenos Aires, die nach Europa eingeladen wurden und sie besuchten immer Amsterdam und Berlin.

Die Tänzer, die Antonio ausgebildet hatte – »la nueva generación«, hieß das zu dieser Zeit, waren Miguel Zotto und Milena Plebs, Osvaldo Zotto, Aurora und Firpo, Roberto und Vanina sowie Natalia und Gabriel. Das waren die wichtigsten Star-Paare, die damals die alten *Maestros* aus der Show »Tango Argentino« von den Bühnen verdrängten. Die späteren Lehrer wie Fabian Salas, Gustavo Naveira etc. gehörten eher zur zweiten Generation.

Was nun die oftmals befremdliche Häufung der superlativen Titel im Tango anbelangt: Die sind heutzutage sowieso inflationär – gerade die vielen Maestros überall, und auch die selbsternannten: manche sogar als *Maestro de maestros* … Und die ganz dreisten: *Maestro de todos los maestros*, also der »Meister aller Meister«. Aber das ist doch eigentlich nur noch amüsant. Ich bin da mittlerweile – was all diese Selbstinszenierungen betrifft – ziemlich gelassen. Das beste, was ich allerdings in dieser Richtung gehört habe, kommt dann aus Buenos Aires von einem Tänzer, der mit einem Augenzwinkern behauptete, daß er die längste Tangoerfahrung von allen hätte, denn sein Vater tanzte auch schon Tango, und er könne sich sehr genau daran erinnern, als er noch als Spermium zwischen seines Vaters Beinen hin und her schaukelte, wie die Tanzschritte gingen. Und schon als er in der Wiege lag und Tango hörte, konnte er ihn tanzen …

Die Verbreitungsstrategie in den Anfängen
1982–1992

Durch meine ethnologischen Studien über die Kulturfusion war ich vorbereitet, mich auch wissenschaftlich mit allen relevant erscheinenden Aspekten zu beschäftigen. Als ich 1973 in die Bundesrepublik kam, fiel mir auf, daß die Menschen hier viel Zeit damit verbrachten, über Geld zu reden. Mir wurde klar, daß eine wesentliche Motivation etwas zu tun oder nicht zu tun, immer einen starken finanziellen Aspekt hatte. Diese Einstellung, dachte ich mir, hätte einen katastrophalen Effekt auf den Tango. Es war klar, daß die damals bestehenden Tanzverbände wie ADTV oder der DTV den Tango auf keinen Fall in ihr Angebot übernehmen sollten. Die starke kommerzielle Ausrichtung dieser Tanzvereine und der üblichen deutschen Tanzschulen waren mir zutiefst zuwider. Außerdem war mir sehr präsent, was mit dem Tango von 1920 bis in die vierziger/fünfziger Jahre in Europa geschehen war. Es ging also einerseits darum, eine unkontrollierte Verbreitung zu verhindern und auf der anderen Seite, neue Publikumskreise zu integrieren. Aus dieser Zwickmühle konnte ich nur aussteigen, indem wir zur Verbreitung und Werbung hauptsächlich die Infopost per Brief nutzten. Das Internet mit E-Mail und Facebook gab es zum Glück zu diesem Zeitpunkt noch nicht. Ein konzentriertes Zentrum von Tangofans sollte dafür sorgen, daß sich der Tango von seiner Essenz nicht allzu weit entfernt, während es gleichzeitig für dessen Vielfalt Raum geben mußte, denn das bildet ja gerade eine Grund-Eigenart des Tango ab. So war dann das Gebot der ersten Stunde, Übungsgruppen aufzubauen, in vielen unterschiedlichen Räumen der Stadt. Da trafen sich die Leute, um gemeinsam außerhalb ihrer Kurse Tango zu üben und sich gegenseitig kennenzulernen. Gleichzeitig praktizierten sie hier auch die neuen Formen des Umgangs, die zum Tango paßten. Jeder sprach mit jedem, man erfreute sich, viele Freunde zu haben, kultivierte die Umarmung und den Kuß zur Begrüßung. Frauen kleideten sich hübsch, holten ihre Röcke aus dem Schrank und Männer versuchten sich im Jackett. In dieser ersten Phase gelang es dann tatsächlich, vier bis fünf solcher Gruppen aufzubauen, die den Tango auch außerhalb der Unterrichtsräume zum Leben verhalfen.

Als dann in etwa 100 Tänzer und Tänzerinnen fest mit dem Tango verbunden waren, wurde es Zeit, eine gemeinsame Veranstaltung zu organisieren. Das war die Tango Bar im Metropol, die dann all diesen Tänzern an jedem Freitagabend die Gelegenheit gab, das Tanzbein zu schwingen. Hier wurde die Vielfalt des Tanzens praktiziert. Um den Leuten auch das Tanzen zu anderer Musik zu erleichtern, wurden vor dem Tanzabend unterschiedliche Tänze vorgestellt. Dazu gehörte der Vals criollo, die Milonga, die Rumba und der Bolero so wie auch Cumbia. Diese Musikmischung kam damals sehr gut an und es fanden sich in den Tanzeinführungsstunden immer wieder 60 bis 70 Personen ein, die Grundschritte dieser Tänze bei mir lernen wollten.

Somit kann ich behaupten, daß 1985 die erste Phase der Tango-Einführung in Berlin, mit einer regelmäßigen Milonga und circa 110 bis 150 Dauergästen in der Tango Bar, abgeschlossen war.

Aus der damaligen Bundesrepublik kamen immer wieder Anfragen, den Tango auch dort zu verbreiten. Doch hier lauerte noch einmal dieselbe Gefahr: daß er sich in einer Form verbreiten könnte, die, abgesehen von den ökonomischen, keine weiteren Dienste erbringen würde. Da es mir nicht möglich war, an so vielen Orten gleichzeitig präsent zu sein, um die Verbreitung zu organisieren, lud ich sämtliche Tango-Interessierte nach Berlin ein, um an einer Tango-Lehrerausbildung teilzunehmen. Durch die Ausbildung von Multiplikatoren versprach ich mir, besser fundierte Kenntnisse in die anderen Städte zu bringen. Den Tango in qualifizierter Form zu verbreiteten ging nur über gut qualifizierte Lehrer. Durch Presseartikel wurden mittlerweile auch die Tanzverbände und Tanzschulen auf den Tango aufmerksam. In einem Workshop in Frankfurt 1985, kann ich mich erinnern, waren die Hälfte aller Teilnehmer Tanzlehrer aus normalen Tanzschulen. Der ADTV nahm dieses Interesse auf und bot mir an, im ADTV selbst eine Lehrer-Ausbildung anzubieten. Der Vorschlag hatte allerdings eine lächerliche Dimension. Mir wurde vorgeschlagen, an einem Samstagnachmittag in drei Stunden 80 Tanzlehrer in Tango Argentino auszubilden. Ich machte daraufhin dem ADTV ein Angebot hinsichtlich meiner finanziellen Erwartungen und schlug ihnen vor, daß die 80 Tanzlehrer die normalen Ausbildungsgebühren bei mir bezahlen sollten. Ich berechnete damals 18 Deutsche Mark pro Person und Ausbildungstunde. Die Abschreckung funktionierte hervorragend, ohne daß dies in eine direkte Auseinandersetzung mit dem ADTV gehen mußte. Die stattliche Summe von 4320 DM, die ich ihnen für drei Stunden Arbeit berechnete, ließ sie dann doch blaß werden, sie meinten, daß das eine absurde Größenordnung sei. Ich konterte guten Gewissens, daß es sich um dieselbe lächerliche Dimension handele, die sie mir vorgeschlagen hatten, daß man nämlich in drei Stunden deutschen Tanzlehrern den Tango Argentino beibringen könnte. Daß dies lächerlich ist, meine ich heute noch genauso wie damals und teile diese Ansicht sicherlich auch mit vielen heutigen Lehrern der Tango-Szene, die wissen, wie schwer es ist, einen ausgebildeten Tanzlehrer von seinem Verständnis vom Paartanz zu befreien, damit der Raum, den der Tango Argentino braucht, entstehen kann. Der Tango erfordert nämlich eine grundsätzlich andere Art gemeinsamer Bewegungsempfindung. Nicht die Kenntnis der Schrittfolgen bringt das Tangogefühl hoch, sondern die Art und Weise, wie man sich aufeinander bezieht und die Bewegungen in Verbindung ausführt. Der Ansatz dazu ist hier kulturfremd. Schon im Autoverkehr haben wir feste Regeln, nach denen man fährt, während in Lateinamerika das wichtigste ist, beziehungsorientierte Entscheidungen zu treffen.

Aus diesem Grunde bedurfte es einer fundierten Tangolehrerausbildung, die die kulturellen Aspekte und die bewegungstechnischen mit der Sensorik und der entsprechenden Tanztechnik verbinden sollte. Aus diesen Überlegungen entstand dann 1985 die erste Tangolehrerausbildung.

Die erste Tangolehrerausbildung

Die Tangolehrerausbildung veränderte ihre Inhalte mit der Zeit. Sie wurde den jeweiligen Entwicklungen des Tango in Europa und Buenos Aires angepaßt. Der größte Einflußfaktor allerdings war, mein eigenes Lernen und meine eigene Erfahrung mit den Schülern in ein Unterrichtskonzept umzusetzen. Hier kam mir zugute, daß ich vier Jahre Gindler-Goralewski-Körperarbeit machte und mich zwei Jahre mit der Feldenkrais-Methode beschäftigte. Organische Bewegungen waren mir zutiefst vertraut, ich konnte den Tonus der Muskeln in den Bewegungen sehr gut nachempfinden. Ich kannte gleichzeitig die Art und Weise, wie der Unterricht in Buenos Aires im Tango stattfand. Es war eine recht anarchistische Art. Im Wesentlichen fand die Vermittlung in Prácticas statt, die aber 1986 noch nicht so verbreitet waren, zum anderen gaben einige Lehrer auch Einzelstunden. Die Kombination aus Práctica und gelegentlicher Einzelstunde brachte noch nicht wirklich gute Tänzer hervor. Anfänger aus dieser Zeit, so wie Alejandra Mantiñan (ausgebildete Balletttänzerin), sprechen davon, daß sie sieben bis acht Monate planlos durch die Tangowelt rauschten, ohne zu wissen, wie der Tango funktioniert. Sie suchte verzweifelt die Strukturen innerhalb des Tango, die allgemein verbindlich waren. Die gab es zu diesem Zeitpunkt nicht, jede Práctica und jeder Lehrer hatte seinen eigenen Stil. Erst, als sie kontinuierlich Einzelstunden bei Antonio Todaro nahm, kam sie hinter die Strukturen des Tango und erkannte, daß alle Prácticas doch auf denselben Grundannahmen basierten.

In dieser historischen Situation ging es jetzt darum, eine Tango-Lehrerausbildung in Europa auf die Beine zu stellen. So entstand die Idee, einen Teil dieser Ausbildung der kulturellen Interaktion zu widmen. Hier ging es mir darum, zu vermitteln, daß das, was wir in einer anderen Kultur sehen, nicht immer das ist, was diese Kultur darunter versteht, sondern sehr oft eine kulturelle Projektion. Persönliche Projektionen im Tango waren Gang und Gebe, die kulturellen kamen hinzu.

Der zweite Grundpfeiler der Ausbildung wurde die Körperarbeit. Jeder Teilnehmer sollte während der eineinhalbjährigen Dauer nebenbei analytische Körperarbeit ma-

Tangolehrerausbildung in Juans zweitem Studio in der Brunnenstraße, Berlin Mitte, Photo: privat

chen. Es ging darum, durch die Körperarbeit eine differenziertere Bewegungsdiagnose machen zu können, um zu sehen, wo der künftige Schüler seine Blockaden hat oder seine Bewegung weniger günstig ansetzt. Das Lernen zu erleichtern und die dauerhafte Verbesserung von Haltung und Bewegung waren das Ziel. So wurde zur Grundlage die Feldenkrais-Methode genommen, diese dann durch Alexander-Technik und die Gindler-Körperarbeit erweitert.

Die Gindler-Arbeit nutzte ich sehr viel für die Musikinterpretation, weil diese Übungen über das Erspüren von Bewegungen laufen. Synchronizität der Bewegungen mit der Musik sind am besten über das Gefühl zu erreichen. Die Alexander-Technik war nicht ganz so gut dafür geeignet, weil sie mit Inhibition arbeitet. Um spontane, schnelle und sinnvolle Bewegungen zu machen, ist die Inhibition ein etwas zu langsamer Weg. Dennoch ist die Alexander-Technik eine hervorragende Arbeit, um den Gebrauch seiner selbst zu verbessern.

Somit waren die zwei Bereiche, um kulturelles und körperliches Bewußtsein zu fördern, abgedeckt. Nun ging es darum, die pädagogische und didaktische Kompetenz des zukünftigen Lehrers zu erweitern und gleichzeitig einen sinnvollen Lektionen- und Kursaufbau zu gestalten.

Für den Aufbau der Lektionen liegt das Bezugssystem für das Bewegungslernen nach Moschee Feldenkrais zugrunde. Es ging darum, ein hierarchisches System von Bewegungslernen, und wie es funktioniert, zu erkennen; genauso wie ein Kind verschiedene Entwicklungsphasen durchläuft, sollte dies auch ein Tango-Schüler. Um es verständlicher zu machen, könnte man folgendes Beispiel nehmen: Für ein Kind ist es äußerst wichtig in seinem Leben, viel zu krabbeln, um mittels der Krabbelbewegungen die Wirbelsäule zu stabilisieren und diagonale Bewegungen zwischen Armen und Beinen zu lernen. Dies ermöglicht einem Erwachsenen später auf den Beinen zu stehen, auf Bäume zu klettern, aufrecht zu gehen und dabei die richtigen Ausgleichsbewegungen für sein Gleichgewicht zu machen, selbst wenn der Erwachsene jetzt nicht mehr auf allen Vieren über den Bürgersteig krabbelt. Auch ein Tangoanfänger durchläuft viele Übungsphasen, obwohl er selbst in seinem späteren »Tangoleben« diese Elemente auf einer Milonga nicht mehr tanzen wird. Es ist nicht sinnvoll, den Tangoanfänger mit Tangokonzepten zu überschütten, ohne ihm Bewegungsgrundlagen, aus denen der Tango besteht, beizubringen, nach dem Motto der Missionare: Erst an Gott glauben, und dann wirst du feststellen, daß es ihn gibt.

Somit war ein weiterer, wichtiger methodischer Ansatz für den Unterricht des zukünftigen Lehrers festgelegt: keine Vorträge zu halten! Bewegungen werden durch bewegen gelernt und nicht durch zuhören. Mittels Vorträgen ist es nicht möglich, eine Bewegung zu bearbeiten und zu verbessern. Nur durch die Bewegung selbst, unter ständigem Vergleichen und Nachempfinden findet wirklicher Fortschritt statt. Das Motto ist: Wenn du alles genau so machst, wie der Lehrer es dir gesagt hat, ist es garantiert falsch. Erst wenn der Schüler verstanden hat, weshalb es so ist, liegt er richtig. Der gute Lehrer beobachtet an erster Stelle, gibt kleine Hinweise und Korrekturen und motiviert den Schüler, an sich zu arbeiten. Einfaches blindes Wiederholen, nach den Vorgaben des Lehrers, auch wenn er ein Argentinier ist ;-) bringt die Kompetenz des Schülers nicht weiter. Selbstinszenierung des Lehrers dient seinem Ego und nicht dem Schüler. Somit wurden die Lehrer trainiert, diese Prinzipien für ihren Unterricht anzuwenden.

Diese ersten Gruppen von Tanzlehrern verbreiteten ab 1985/86 den Tango vom Rio de la Plata in der damaligen BRD. Fast jede große Stadt hatte seine kleine Tango-Szene, aber es dauerte noch circa zehn Jahre, bis allgemein bekannt war, daß die Deutschen gerne Tango tanzen. So berichtete dann noch 1993 die »ZEIT«: »Am Rio de la Plata tanzten Zuhälter den Tango, in Deutschland sind es die Programmierer.« Das Bild des wilden und ungezügelten, leidenschaftlichen, erotischen und verruchten Tango war allgegenwärtig, doch ein breiteres Verständnis, daß es sich hierbei um hochdifferenzierte Tanzbewegungen handelt, die alles andere als ungezügelt und wild sind, ließ noch ein weiteres Jahrzehnt auf sich warten.

Juan Dietrich Lange

Silvia und Juan tanzen Chamame mit Musik von Raul Barboza, Photo: privat

Sur – Süden

Sur von Fernando E. Solanas hatte ich irgendwann in den Achtzigern im Yorck-Kino, in der Gneisenaustraße 61 in Kreuzberg gesehen. Der Film und die -musik, vor allem ein Tango mit gleichnamigem Titel, lenkten meine *Wege* um; seitdem sind Jahre vergangen. *Nie wieder werde ich mit den Sternen unseren klaglosen Weg durch die Nächte von Pompeya beleuchten. Die Straßen und die Monde des Vororts und meine Liebe und dein Fenster.*

Es ist einer dieser typischen Wintertage in Berlin, an denen man nicht wirklich sagen kann, ob es schon Abend ist oder erst Nachmittag, der Himmel bewölkt oder nur dunstig. Ein dämmriges und auf der Zunge beim Atmen leicht herb schmeckendes Sepia hält seit Wochen die kalte Luft durchdrungen im Griff, und das gefilterte Halblicht erzeugt die melancholische Dunstglocke, in der sich die Gedanken gerne im kleiner werdenden Kreis nach innen verdichten, um dort miteinander zu tanzen. Im Auto läuft Tango.

An der nächsten Ampel hole ich die Kassette raus und wickle schnell mit dem Bleistift das Band ein weiteres Mal straff, das der Recorder immer wieder einzieht. Geschafft, die Lieblingskassette ist noch einmal gerettet. Auf dem Weg vom Südstern zu den Yorck-Brücken fahr ich langsam an den *Wannen* vorbei, mindestens zwanzig vergitterten Polizeibussen. Vor Bolle lagern noch einige Punks, die sich davon demonstrativ nicht aus ihrem Gleichmut bringen lassen, obwohl seit den Unruhen gestern die Atmosphäre angespannt bleibt. Die Straße ist dennoch frei: keine Sperrung mehr. So schaffe ich's rechtzeitig zu Michas Kurs in der Weißen Rose beim Schöneberger Rathaus.

Wie freue ich mich! Er ist zurück aus Buenos Aires und hat dort wie üblich seine ganze Kohle für Schellacks, Venyl-Platten, (CDs waren gerade erst am Kommen und es gab bislang nur wenig an digital bearbeiteten historischen Tango-Aufnahmen, die dann vorwiegend aus Japan kamen) Partituren und Unterricht bei Antonio Todaro gelassen. Für eine Choreographiestunde nimmt der Maestro zu diesem Zeitpunkt fünf Dollar. Er war beinah in Vergessenheit geraten, wie der Tango selbst. Etwa zehn Jahre später werden manche seiner Schüler, bekannt geworden in den einschlägigen internationalen Shows, schon um die zweihundert für eine Privatstunde verlangen.

Micha ist Ur-Berliner, einer der dort aufgewachsen und geblieben ist. Für Tango lebt und brennt er, aber auch als Bläser von Ska, der schnellen Musik der britischen Vorstädte, mit ihren jamaikanischen Wurzeln. Zu dieser Zeit kann sich noch keiner vorstellen, daß die Arbeit mit Tango irgendwann zu einem Geschäft mit breitem Publikum werden könnte.

Michael Rühl, zwischen 1986 und 1988, in der Weißen Rose in Berlin Schöneberg
bei seinem Tangounterricht   *Photo: privat*

In der Regel sprechen wir nicht über das, womit wir uns von früh bis spät alle Tage, jede Woche, beschäftigen. Denn nur allzu oft haben wir diese Reaktionen schon erlebt, daß die Leute dann sagen »Was, Tango?«, um sich gleich grinsend die imaginäre Rose zwischen die Zähne zu klemmen und mehr oder weniger unbeholfen die Haltung einzunehmen, die das Klischee des Standard-Tango ausmacht, der mit dem Original so viel gemeinsam hat wie der Kaffee, den Roberto in der Napolitana auf seinem alten Gasherd braut, mit der Instantbrühe im Plastikbecher aus dem Automaten in der Notaufnahme des Urban-Krankenhauses, wohin wir Catalina blutüberströmt brachten, nachdem sie mich angerufen hatte. Sie war beim Einkaufen nichts ahnend zwischen die Fronten geraten und daher nicht weggelaufen, als die SEK-Leute in ihren Turnschuhen angerannt kamen, die man, wenn man das nicht kennt, auch nicht für Polizisten hält.

Zu dieser Zeit ist Rechtsaußen Heinrich Lummer Innensenator, die Bildzeitung hetzt täglich gegen die linken Chaoten, polarisiert die Bevölkerung der Stadt, und so etwas wie Deeskalations-Strategie scheint noch nicht einmal als Fremdwort im Denken der politisch Verantwortlichen vorzukommen – im Gegenteil: Hartes Vorgehen ist gewollt, Eskalation liefert die Rechtfertigung dafür, befeuert von Polizeiprovokateuren auf den Demos. (Vor nicht allzu langer Zeit war während des Reagan-Besuchs in Berlin ein Demonstrant von einem Polizeipanzer überrollt und getötet worden.)

Catalina hat die Militärdiktatur in Argentinien mit Glück und Vorsicht überlebt. Dort kannte sie sich aus; hier wußte sie nicht, worauf zu achten ist. Gestern hat sie dazugelernt. Der Schock durch die Schlagstöcke und Tritte, darüber, daß das hier auch passieren kann, dürfte die schlimmere Wunde sein. Zum Glück hat sie es noch bis zu einer Telefonzelle geschafft.

Roberto, der mit dem guten Kaffee, steht jeden Abend hinter der Theke im »El Parron«, einem kleinen chilenischen Lokal mit hervorragender karibischer Küche und den besten Steaks der Stadt in der Carmerstraße, etwa eine Zigarettenlänge und zwei überfließende Erinnerungen an Tänze in seinem Lokal von der Parisbar entfernt, wo es uns zum Ausklang des Abends öfter hinzieht, wie auch viele der Kellner und Barkeeper der Stadt nach Schichtende (zu dieser Zeit kellnerte auch ich im »Bouvril« am Ku'damm).

Nostalgias de las cosas que han pasado, arena que la vida se llevó, pesadumbre de barrios que han cambiado ...« (Sehnsucht nach den vergangenen Dingen,/Sand, den *das Leben forttrug,/Kummer über die Stadtviertel, die sich geändert haben ...).*

Daß Süden (span. *Sur*) ein Zustand ist, keine Himmelsrichtung, habe ich gelernt. So sitze ich auch heute oft noch an einem der Tische der Parisbar oder im »El Parron«, das es mittlerweile ebenfalls nicht mehr gibt, zurück in der Zeit, als die Stadt noch Biotop und Paradies für Künstler, Romantiker, Exilanten und diverseste Verrückte war – paradoxerweise im Schutz und Schatten einer traurigen Mauer –, bis mich etwas von dort wieder in die Gegenwart zurückholt, den Norden, wo kühler Kommerz und sogenannte Investoren unaufhaltsam die letzten Reste des Wirklichen im Urbanen hinwegkonsumieren.

Ralf Sartori

Diese Geschichte wurde bereits 2012, in leicht gekürzter Form, im Vorfeld zur Herausgabe von Ralf Sartoris neuem Tangobuch »Tango: Die Essenz ...« beim Münchner Dotbook-Verlag in einer Sammlung von Erzählungen namhafter AutorInnen zum Thema Musik herausgegeben. Diese Anthologie, mit einem Umfang von über 800 Seiten, kann als eBook kostenlos im Internet heruntergeladen werden – unter dem Link www.dotbooks.de/dotbooks-friends.html. Der Titel lautet: »*Musik, die uns bewegt, Unsere Lieblingslieder und die Geschichten, die wir damit verbinden*«.

(Die Redaktion)

Im Gespräch mit Michael Rühl

Interview von Ralf Sartori

1995: Michael Rühl in Buenos Aires, in einer Wohnung in der Straße Corrientes   *Photo: privat*

RALF SARTORI: Du warst 1988 mein erster Tangolehrer in Berlin, von dir habe ich meine tänzerische Basis erhalten, angereichert mit interessantem Figurenmaterial.

Wie gestalteten sich eigentlich *deine* Anfänge mit dem Tango, wann und wie kamst du dazu, in welcher Weise und wo konntest du in dessen Anfangszeit, die es ja für Berlin – und in WestDeutschland sowieso – war, dein eigenes tänzerisches Repertoire erarbeiten, d. h., woher hast *du* es bekommen?

Soweit ich mich erinnere, gab es in den 1980ern neben dir und Juan Dietrich Lange mit seinem Estudio Sudamerica, nur noch Annette Lange (Namensgleichheit zufällig) mit ihrem Tango Vivo, und Brigitte Winkler mit Partnerin Angelika Fischer und ihrem Studio »Tanz-Art« am Südstern.

Doch schließlich waren zu dieser Zeit *alle* noch in den Anfängen mit ihren eigenen tangotänzerischen Prozessen.

MICHAEL RÜHL: Ich nahm zuerst, ab 1984, bei Juan Dietrich Lange Unterricht und auch Annette Lange hat mir ein wenig beigebracht. In den 1980er Jahren kamen dann Antonio Todaro, Gloria und Eduardo Arquimbeau, Pepito Avellaneda und, ich glaube ab 1989, Gustavo Naveira, als Gastlehrer mehr oder weniger regelmäßig nach Berlin, bei all denen ich ab 1987 Unterricht nahm. Noch im selben Jahr reiste ich zum ersten Mal nach Buenos Aires und habe dann bei besagten Lehrern intensiv weitergelernt. Mein erster dort war ein gewisser Hector, bei dem ich gleich zehn Einzelstunden buchte und mit seiner Frau in deren Wohnzimmer tanzte, danach Raul Bravo und Antonio Todaro. Ich glaube, von Antonio, Raul, Pepito, Eduardo und Gloria sowie bei Gustavo lernte ich am meisten. In Buenos Aires, wo ich bis heute etwa fünfzehnmal war, hatte ich insgesamt auch 15 verschiedene Lehrer.

RALF: Hab die Berliner Tango-Szene bis Anfang der 1990er als sehr vielfältig, familiär und durchaus als eine Art bunter Subkultur-Mischung in Erinnerung, noch nicht als gesellschaftliches Mainstream-Phänomen, wie sie sich heute zunehmend darstellt. Welche besonderen Erinnerungen verbindest du mit diesem Zeitraum? Was ist dir wichtig, welche Orte mochtest du besonders, wenn du tanzen gingst und warum?

MICHAEL: Der erste Ort mit regelmäßigen Tango-Tanzabenden, so ab 1985 oder '86, war das Loft in der Discothek Metropol am Nollendorfplatz; dort gab es jeden Freitag eine Milonga mit durchschnittlich etwas über hundert Leuten. Zu dieser Zeit fing ich gerade an, einigermaßen Tango zu tanzen, das heißt, mich ohne nachzudenken zur Musik bewegen zu können. Viele aus der Tango-Szene gingen dort hin; der Organisator war Juan Dietrich Lange. Vor der Milonga konnte man eine Stunde lang einen südamerikanischen Tanz erlernen.

Um 1990 gab es im Chamäleon in den Hackeschen Höfen eine Milonga, immer freitags, von Stefan Wiesner und Ulrike Schladebach. Das war kurz nach der Maueröffnung – und für einen Westberliner wie mich schon von der Lage her spannend. Ansonsten ein Theater oder Varieté, sehr schön, mit Parkettboden. Dort trafen sich alle aus der Tango-Szene, das war um diese Zeit *der* Ort in Berlin, immer mit 150

Irma Weber und Michael Rühl bei einem Auftritt in Charlottenburg zwischen 1991 und 1993   *Photo: privat*

bis 200 Leuten pro Milonga. Die Veranstalter haben diese dann in den Kaisersaal im Esplanade (ein ehemaliges Grand Hotel inmitten hohen Grases, einer nachts im Mondlicht unwirklich anmutenden Umgebung nahe des Todesstreifens, am Potsdamer Platz/*Anm. des Hg.*) verlegt, mit demselben Erfolg. Das dürfte so bis Mitte der 1990er Jahre gegangen sein. Dann wurde der Potsdamer Platz zugebaut … Ich fand all diese Orte großartig und war immer aufgeregt, dort hinzugehen. Warum ich Tangotanzen ging? Um Tango zu tanzen. Dazu gehört eine Frau, die mir gefällt, gute Musik, die mich anregt, mich zu bewegen und das Wissen um Bewegung – einige sagen Schritte dazu. Wegen dieser großartigen Kombination; auch um liebe Freunde zu treffen, mich zu unterhalten.

RALF: Wie hast du den Fall der Berliner Mauer für den Tango erlebt? Welche Auswirkungen hatte dies für die Tango-Szene und deine Arbeit? Gab es doch im Ostteil der Stadt bald schon zahlreiche leerstehende Immobilien, wenn ich mich recht erinnere, wo man einfach reingehen und in aller Freiheit etwas organisieren konnte, ohne behördliche oder sonstige Hürden. Diese Orte wechselten jedoch schnell …

Welche Art von Bewegung und Veränderung im Tango brachte die Vereinigung nach und nach für Berlin als Ganzes?

MICHAEL: Ich bin nicht der Typ, der irgendwo reingeht und illegal 'ne Milonga aufmacht, aber es gab nun mehr Möglichkeiten als nur in Westberlin, das doch einige Platzprobleme hatte. Eine erste regelmäßige Milonga im Ostteil der Stadt fand nach der Maueröffnung im besagten Chamäleon statt. Der Osten war für mich neu und aufregend. Ich war in den ersten 20 Jahren meines Lebens mit der Familie vielleicht zehnmal drüben. 1989 fuhr ich mit jemanden von meiner Band nach Ostberlin, weil wir eine Tournee mit einer Gruppe aus dem Osten organisieren wollten, aber das Kultur-Komitee in Berlin Mitte hat wohl lieber Sekt mit den Sekretärinnen getrunken, als unser Anliegen zu bearbeiten. Und drei Monate später war die Mauer weg. Also, das Chamäleon in den Hackeschen Höfen wurde zur beliebten Freitags-Milonga der Berliner Tango-Szene, die ja hauptsächlich aus Westberlinern bestand bzw. aus Westdeutschen, die in Westberlin lebten. Die Zaungäste dort staunten nicht schlecht über das ihnen unbekannte Tango-Argentino-Spektakel. Da empfand schon der eine oder andere unter den Tänzern durchaus so etwas wie Stolz, und manch einer hatte sich dabei einen gewissen Habitus zugelegt.

1993 eröffnete ich dann mit Jessica Serrano im »Roten Salon der Volksbühne« eine Milonga, die jahrelang sehr gut lief und wo ja auch du häufig warst.

Dort kam 'ne Menge Theaterpublikum vorbei, und viele waren über das Treiben sehr erstaunt; der Tango war – obwohl zu dieser Zeit schon seit zehn Jahren in Berlin – noch immer nicht sehr bekannt. Von 2001 bis 2004 pausierten wir dort mit

Beim 1. Tangofestival Berlin 1996: Jessica Serrano bei einer Ansage im Roten Salon mit Oscar Basil, ehemals erster Bandoneonist des »Orquesta Pirincho« von Fransisco Canaro   *Photo: privat*

unserer Tangonacht, doch seitdem gibt es sie wieder regelmäßig, mittwochs, außer in den Theaterferien. *Dieser* Ort ist für mich der beeindruckendste aufgrund meiner persönlichen Erfahrungen damit ...

Dort haben Juan Carlos Copes mit seiner Tochter, Pepito Avellaneda, Raul Bravo, Gustavo Naveira, Roberto Herrera und Vanina Bijou und viele mehr, getanzt ... auch Horacio Salgan (argentinischer Orchesterleiter in den 1940er- und 1950erJahren, prägte mit seinen Kompositionen, seinem Klavierspiel und seinen Arrangements sowie seiner jahrelangen Lehrtätigkeit den Tango in der zweiten Hälfte des 20. Jahrhunderts maßgeblich. Er schuf Klassiker des Tango wie *A Fuego Lento* und *Don Agustin Bardi*) kam schon dorthin ...

1991 machte am Rosenthaler Platz das Estudio Sudamerica auf, nachdem es zuvor in Westberlin (am Dauerwaldweg, im Stadtteil Grunewald/*Anm. des Hg.)* eine Miet-

Irma Weber und Michael Rühl bei einem Auftritt
im alten Estudio Sudamerica am Dauerwaldweg
in Berlin Grunewald, zwischen 1989 und 1990
Photo: privat

erhöhung erhalten hatte, es war damals die größte Tangoschule Deutschlands. Sie lief dort lange sehr erfolgreich.

Und in der Friedrichstraße hatten wir für einige Zeit zu einer Freitags-Milonga geladen. So um 1996 kam dann die regelmäßige Dienstags-Milonga von Thomas Klan in der »Kalkscheune« dazu, und circa zur selben Zeit die im »Grünen Salon« (ebenfalls in der Volksbühne) mit Debora und Emiliano aus Baires.

Berlin war jetzt größer, interessanter und in aller Munde. Der Tango gedieh prächtig und ich fand es aufregend.

RALF: Wo hast du nach und nach überall unterrichtet, welche Orte für den Tango, für Milongas und Feste sonst noch initiiert?

MICHAEL: Ich habe zuerst 1986 in der Weißen Rose in Schöneberg unterrichtet, wo du ja auch mit deiner damaligen Partnerin Sonja Andjelkovic in meinem Kurs warst, kurz danach, und für 23 Jahre, im Estudio Sudamerica. Ein Jahr später bei Debora Gutman, und jetzt im Tangoraum in der Hagenauer Straße.

In der Weißen Rose lud ich zusammen mit Irma Weber auch zu meinen ersten Milongas, bei denen ich die Musik auflegte und manchmal vortanzte.

Zwischen 1990 und 2000 unterrichtete ich in Dänemark, in Arhus und in Kopenhagen. Ein paarmal gab ich in den 1990er Jahren auch in Münster und in Regensburg Unterricht, danach noch einige Male in Greifswald und in Rostock.

1991 versuchte ich in einem Berliner Laden, der »Schlot« hieß, sonnabends eine kleine Milonga zu organisieren, das hat aber nicht lange gehalten. Dann noch ein paar Male in der Friedrichstraße, doch auch das klappte nicht so richtig.

Im »Ballhaus Rixdorf« begann ich 1998 mit Felix Hahme, der 2003 ausgestiegen war, mit einer regelmäßigen Samstags-Milonga. Ab 2010 fand diese Veranstaltung nur noch gelegentlich, circa einmal im Monat, statt.

Jessica Serrano mit Michael Rühl
und Irma Weber mit Brigitte Winkler
bei einer Milonga auf einem Schiff
auf dem Wannsee um 1994   *Photo: privat*

Irma Weber und Michael Rühl. Sie war
seine Tänzerin von 1988 bis 1995
Photo: privat

Tangoball im »Ballhaus Rixdorf« um 1990   *Photo: Michael Grasmann*

RALF: Welche Begegnungen, abgesehen von den bereits genannten Lehrern, waren für dich in all der Zeit wichtig, für deinen eigenen Prozeß weichenstellend, inspirierend und weiterführend?

MICHAEL: Sehr viele, aber besonders beeindruckend waren für mich die Milongas in Buenos Aires, vor allem so bis 1996, wo die alten Leute getanzt hatten bzw. die ab 40, das »Regine«, das später »El Beso« hieß, der »Salon Argentina« in der Saens Pena, wo es ein Orchester mit dem Bandoneonisten Lazzari gab, der schon bei Juan d'Arienzo mitgespielt hatte, wo Juan Carlos Copes vorher eine Práctica gab, die Herren zum Teil ihre Haarbürsten in der Hosentasche trugen und die Zigarettenschachteln in den Hemdsärmeln steckten, *Clubs elegante sportiv* halt.

99

Oscar Basil und Michael Rühl um das Jahr 2000 in Buenos Aires. Oscar Basil war erster Bandoneonist des »Orquesta Pirincho« von Fransisco Canaro. Jessica und Michael hatten ihn zum ersten Berliner Tangofestival 1996 in die Berliner Volksbühne in Prenzlberg eingeladen   *Photo: privat*

Das »Canning« in der Scalabrini Ortiz 1331, glaube ich, oder der »Club Belgrano«, der aus allen Nähten zu platzen schien, so voll war der mit alten Leuten. Hier schienen die Tänzer noch älter gewesen zu sein als sonst schon in den Milongas; ich glaube der Durchschnitt dürfte so bei Ende 60 gelegen haben. Dort waren bestimmt meistens um die 400 Leute versammelt. Die Kellner haben sich schon öfters mal verrechnet, und die Tropical- oder Jazz-Tandas kamen häufiger; aber das war das Spektakel durchaus wert. Oder das »Akarenze«, wo auch schon jüngere, meist Profitänzer und Touristen hingingen. Aber das war bereits etwas anderes ...

RALF: Hab dich als Lehrer, Tänzer und Veranstalter kennengelernt, der sich mit seiner Arbeit in der langen und gewachsenen Tradition des Tango vom Rio de la Plata bewegt und darin verwurzelt ist. Wie stehst du denn zum sogenannten Neo-Tango in Musik und Tanz? Wo gibt es in deiner Arbeit Berührungspunkte, wo grenzt du dich davon ab?

Michael Rühl mit einer Tänzerin im »Roten Salon« um 1998   *Photo: privat*

MICHAEL: Ich habe eine Schellackplatte mit der Aufnahme eines Stücks, das den Titel »Neotango« trägt, komponiert von Leopoldo Federico und Manuel Flores, und 1957 vom »Octeto Buenos Aires« (mit Piazzolla) aufgenommen wurde. Aber das meinst du wohl eher nicht. Das Wort wird jedoch offenbar schon des längeren benutzt. Jeder versteht etwas anderes darunter. Der eine Electrotango, der andere irgendwas. Hauptsache es erklingt dann und wann der eine oder andere Ton eines Bandoneons. Es handelt sich jedenfalls um ein Genre, das in einem Teil seines Namens Bezug nimmt auf eine Musikrichtung, die aus zwei südamerikanischen Ländern stammt. Nun gibt es darin auch begabtere und ausgebildete Musiker wie z. B. den Komponisten von »Sentimientos« Jaime Wilensky; der Titel wurde gespielt vom Orchester Andrés Linetzky; dieses Lied fand ich Anfang des neuen Jahrtausends sehr schön, und habe es des öfteren aufgelegt und auch dazu getanzt. Ebenso von »Narcotango« und anderen Bands gab es sehr schöne Aufnahmen, aus meiner Sicht.

Und es gibt unsäglich stümperhaftes Herumgeplänkle, wo ich mich frage, ob die Musiker überhaupt ihr Instrument beherrschen und wenigstens ein bißchen mehr Tangos gehört haben als Oblivion und La Cumparsita. (Beides wurde zum Teil großartig interpretiert.) Da stimmen dann wirklich nur fünf Buchstaben mit dem, was wir so lieben, überein. So sehe ich es, aber jeder sieht das eben anders.

Eine Zeitlang, so zwischen 2002 und 2012 habe ich zwei bis drei Tandas mit dieser Musik pro Abend aufgelegt. Was ich nie mochte, ist die Art, ohne Tandas aufzulegen (*Eine »Tanda« (span.: Reihe) ist ein Satz von ähnlich gearteten Musikstücken, der auf einer Milonga gespielt wird. So werden z. B. vier bis fünf Tangos eines bestimmten Orchesters oder von ähnlicher Stilistik bzw. einige Valses (Tango-Walzer) oder Milongas hintereinander gespielt. Als kurze Unterbrechung zwischen zwei Tandas wird zumeist eine Pausenmusik, die sog. Cortina (span.: Vorhang) eingespielt, die in der Regel so ausgewählt wird, daß darauf eigentlich kein Tango getanzt werden kann, und dazu dient, daß die Tanzpaare vom Parkett gehen und sich neu formieren können/Anm. des Hg.*), wo zwei Tangos von 1928 ein Electrotango folgt und nach zwei Milongas dann wieder ein Irgendwas. Dann ist mir das alles zu durcheinander, der Charakter dieser relativ neuen Musik ist doch zu verschieden von einem Tango oder Vals aus den 20er Jahren, und so aufgelegt, wird alles zu unruhig.

Viele Neotangos haben für mich tänzerisch auch keinen interessanten Rhythmus, eignen sich für meinen Geschmack mehr zum Zuhören, oder bei manchen Aufnahmen, um irgendwas drauf zu tanzen, aber nicht Tango.

Auch vom Bewegungs-Repertoire her sehe ich das, was manchmal als Neotango bezeichnet wird, insgesamt als eher uninteressant an, weil es einfach nicht meiner Ästhetik entspricht. Zum Beispiel die Armhaltung oder die oftmals große Entfernung zur Partnerin, die Art zu laufen, vieles, was ich eher als komisch denn schön empfinde. Einzelne Bewegungselemente gefallen mir jedoch durchaus, manche Sacadas bzw. die Art, sie zu tanzen, oder die Idee der Colgadas und Volcadas sind, je nach Ausführung, zum Teil großartige Bewegungen im Paar. Es macht Spaß, sie zu tanzen (sofern Platz dafür vorhanden ist). Dies nur als Beispiele. Einen Nachteil haben viele dieser Bewegungen jedoch, sie sind zu ausladend für eine volle Tanzfläche bzw. sie müssen, was nur selten der Fall ist, gut beherrscht werden. Wenn nicht, gibt es weder Freude im Paar noch auf der Tanzfläche für die nähere Umgebung …

Obwohl es schon vor 90 Jahren bei einem Wettbewerb in Buenos Aires die Kategorie »Tango Fantasia« gab, und Carmencita Calderon nannte Jorge Marques den König des Tango-Fantasia (*Es gibt ein Buch aus den frühen 1990er Jahren mit Interviews alter Tänzer, in deutsch, herausgegeben von Fredi Gutzler, der das Caminada Tanzstudio in Berlin hatte. Ich habe diesen Jorge Marques 1991 mal gefilmt, er war ein Lehrer von Eduardo Arquimbeau, wie dieser mir sagte, und auch von Viru-*

Paulina van Bakel und Michael Rühl Im »Ballhaus Rixdorf« um 2002   *Photo: Golbarg Zolfaghari*

Paulina van Bakel und Michael Rühl
um 2002   *Photo: Golbarg Zolfaghari*

lazo und Antonio Todaro), finde ich nicht, daß man in den Tango beliebig viele, irgendwie geartete Bewegungselemente einbauen kann. Ich tanze ja auch nicht zu deutscher Schlagermusik Salsa und nenne es dann Swing.

Zugleich entwickelte sich der Tango selbst aber auch weiter, es gab viele Tänzer, die mit Neotango, was immer das sein soll, nichts anfangen konnten, daher weiter Tango getanzt haben, und doch hat das, was Neotango genannt wird, bestimmt auch den Tango beeinflußt.

RALF: Was hat dich eigentlich dazu angeregt, in Berlin ein Tangofestival zu organisieren? Wieso mutet man sich so eine Mammut-Aufgabe und das damit verbundene hohe finanzielle Risiko zu?

MICHAEL: Die Idee kam mir 1995, als ich mit meiner Tänzerin Irma Weber und dem Berliner Orchester »Tango Real« zum spektakulären Tangofestival in Granada eingeladen wurde. Dort gab es bestimmt 20 Tango-Orchester und Tanzgruppen aus Argentinien, Uruguay, Japan und Finnland. Ich schätze, daß mehr als 250 Künstler eingeladen wurden; mir ist nicht klar, wer das bezahlt haben soll, aber die Stadt hat sich wohl sehr große Mühe gegeben. Ich dachte, wenn es so etwas in Granada gehen kann, sollte es doch in Berlin, wo es eine wesentlich größere Tangogemeinde gibt, erst recht funktionieren und auf breites Interesse stoßen. Tat es dann auch. Ich fand, daß es einfach mal Zeit wurde, einige von den großen Tänzern und Musikern nach Berlin zu holen und dabei ein Fest zu feiern. Was ich in Buenos Aires alles gesehen hatte, kam damals

Petaca, ein Milonguero aus Buenos Aires, Jessica Serrano und Michael Rühl
während eines Interviews bei einem Radiosender um 1995   *Photo: privat*

hier in Berlin nur tröpfchenweise an: Es gab pro Jahr vielleicht ein oder zwei argentinische Tänzer von Qualität, einige wenige Musiker, aber äußerst selten ein Orchester mit Musikern wie Horacio Salgan, Antonio Agri, Nestor Marconi oder Oscar Basil, um nur einige zu nennen, die beim ersten Tangofestival in Berlin spielten. Natürlich hatte ich vorher keine Ahnung, was es da alles zu tun und zu bedenken gibt – obgleich damals die Volksbühne viel von der wichtigen und lästigen Arbeit professionell übernommen hatte. Warum man sich das antut? Weil man verrückt ist; und ich wollte schon immer gerne die Reichhaltigkeit des Tango aufzeigen.

RALF: Wie viele Festivals haben du und deine PartnerInnen bisher auf die Beine gestellt? Wie waren die jeweiligen Themen-Schwerpunkte und was bot das letzte Berliner Tango-Festival im Juni 2014?

MICHAEL: 1996 mit der Volksbühne und Jessica Serrano, 2002 mit Felix Hahme, 2003 bis 2011 allein, 2012 und 2013 mit Judith Preuss und Thomas Rieser (von

Mala Junta). Und 2014 gab es das »Embrace-Festival«. Hier erarbeiteten unterschiedliche Veranstalter und Tanzschulbesitzer ein Programm, in dem jeder seine eigene Veranstaltung oder Workshop-Reihe verantwortet hatte.

Ich danke dir für das Interview und wünsch dir weiterhin viel Erfolg mit deiner Arbeit.

Ralf Sartori

Auf dem Titelbild dieses Bandes ist Michael Rühl mit seiner Tanzpartnerin Paulina van Bakel zu sehen.

»Ich bin gebürtige Niederländerin und als klassische Balletttänzerin nach Deutschland gekommen. Meine ersten Tangoschritte machte ich, wie viele andere, in einem Workshop bei Michael Rühl. Das war 1999 in Greifswald, wo ich damals als Tänzerin am Theater Vorpommern engagiert war. Mit den klassischen Gesellschaftstänzen war ich zwar vertraut, den Tango Argentino kannte ich bis dahin aber noch nicht. Als ich mich nach ein paar Workshops zum ersten Mal nach Berlin in eine Milonga traute – im Ballhaus Rixdorf – war ich überwältigt und fühlte mich doch sofort in meinem Element. Mit Unbekannten tanzen zu können, ohne daß man sich vorher über die Schritte abgesprochen hatte – herrlich.

Daß Michael Rühl in der Berliner Tango-Szene jedem bekannt war, erfuhr ich erst dort. Er brachte mir den Tango schnell nahe. Wir fingen an, als Paar zu tanzen und später auch zu unterrichten. Bis heute nehmen wir regelmäßig zusammen Unterricht bei anderen Tanzlehrern, denn der Tango erweitert sein Spektrum ständig. Wir möchten nicht jeden neuen Tanzstil übernehmen, sondern möglichst viele kennenlernen, zu uns passende Techniken und Elemente aufgreifen und weiterentwickeln. Man lernt bei jedem Lehrer etwas.

Ich zog nach Berlin, mein Leben änderte sich in vielerlei Hinsicht, aber bis jetzt tanze ich mit Michael, der für mich den Tango in Berlin wie auch den Tango in mir geprägt hat und nach wie vor prägt.«

Paulina van Bakel

Paulina van Bakel im Stern-Foyer der Berliner Volksbühne, 2014   *Photo: Harald Keller*

IM ANGESICHT DES TANGO

Es war im Frühsommer 1988, als ich zum ersten Mal mit Tangomusik in Berührung kam. Bei den Filmfestspielen in Cannes erhielt der Regisseur Fernando E. Solanas für seinen Film »Sur« den Preis für die beste Regie. Der Soundtrack war von Astor Piazzolla – und mich begeisterte das Zusammenspiel zwischen der Geschichte auf der Leinwand und der Musik. Eine Musik, die alles im Leben eines Menschen auszudrücken vermochte: Trauer, Sehnsucht, Melancholie, Freude, Haß, Liebe, Leidenschaft und Hingabe.

Es sollte noch fast drei weitere Jahre dauern, bis ich den Tango auch als Tanz kennenlernen sollte. Die Berliner Mauer war verschwunden. Es herrschte Aufbruchsstimmung und in der Berliner Luft lag eine gewisse Euphorie. Das Knistern der Geschichte war zu spüren und die Stadt zelebrierte ihre neue Rolle zwischen Sein und Werden. Es war ein Genuß, diese Umbruchphase hautnah mitzuerleben. Berlin schien alle Welt willkommen zu heißen. In den Nächten wurde ausschweifend gefeiert.

In einer Freitagnacht besuchte ich die Show im Varieté Chamäleon. Eine wundervolle Darbietung lenkte vom Alltag ab. Nach Ende der Vorstellung verließen die Gäste den Saal. Ich blieb an meinem Tisch sitzen, da mein Glas Rotwein noch getrunken werden wollte. Zigarettenrauch lag in der Luft. Schemenhaft und ohne Hast machte sich die Bedienung daran, Stühle und Tische zu rücken, so daß in der Mitte eine freie Fläche entstand.

Während ich meinen Gedanken nachhing und an meine Freundin dachte, die mich tags zuvor verlassen hatte, wurde der Saal in rotes Licht getaucht. Es wirkte fast surreal – wie damals im Film von Solanas. Und dann schien es mir tatsächlich so, als hörte ich Tangoklänge. Neue Gäste kamen in den Saal, setzten sich an die Tische und die ersten Paare fingen an zu tanzen. Plötzlich wurde mir bewußt, daß die Szenerie real war. Auf einer Empore saß der DJ hinter seinem Pult und legte Audiokassetten ein. Sein Outfit paßte zum Saal, der an die 1920er Jahre erinnerte. Neben ihm am Geländer lehnte eine blonde Frau, die zufrieden hinunter auf die Tanzfläche sah. Wie ich später erfuhr, waren die beiden als das Tanzpaar »Stravaganza« in der damals noch überschaubaren Tango-Szene bekannt.

Einige Paare tanzten an meinem Tisch vorbei, wobei sie keine Notiz von mir nahmen. Und sie schienen auch keine Notiz von ihrem Umfeld zu nehmen. Sie waren ganz bei sich. Auf Tuchfühlung tanzend setzten sie ihre Schritte über das Parkett und gaben sich der Musik hin.

Ich nahm einen Schluck aus meinem Glas und freundete mich gerade mit meinen melancholischen Gedanken an, als ich mich von sieben spanisch sprechenden Damen umringt sah. Eine hübscher als die andere. Natürlich! Sie fragten mich, ob sie sich zu mir setzen dürften. An meinem Tisch befanden sich die einzigen noch freien Plätze. Ich hatte nichts dagegen!

Die »Tangueras«, wie Tangotänzerinnen genannt werden, unterhielten sich angeregt. Ab und zu wurden sie aufgefordert – und ich beobachtete ihre Bewegungen beim Tanz. In diese zwanglose Atmosphäre hinein sprach mich meine Tischnachbarin an und stellte mir die Frage, ob ich Tango tanzen würde. Ich mußte verneinen. Doch mein Entschluß, mich am nächsten Tag zum Tangokurs anzumelden, war unumstößlich. Eine neue Zeitrechnung begann!

Die folgenden Wochen waren wie ein Rausch. Im Stadtmagazin »TIP« suchte ich nach Tangokursen, die von verschiedenen Tangoschulen und Lehrern angeboten wurden. Da gab es das »Estudio Sudamerica« von Juan D. Lange, die erste Tangoschule in Deutschland. Irmel Weber unterrichtete – und auch Brigitte Winkler und Angelika Fischer von »Tanzart« boten Tangokurse an. Im »Tango Vivo«, das sich damals noch in der Hobrechtstraße befand, lernte ich schließlich Tango tanzen. Mein erster Lehrer war Fredi. Meine erste Tanzpartnerin, die mich in den Milongas forderte, hieß Dorith. Im Plattenladen »Canzone« in den S-Bahnbögen am Savignyplatz deckte ich mich mit Tango-CDs ein. Es war der Anfang einer unvergeßlichen Reise.

Die Tangowelt zu Beginn der 1990er Jahre war familiär, die angebotenen Tangokurse überschaubar: Grundkurs, Mittelstufe und Kurse für Fortgeschrittene waren wählbar. Dazu noch Kurse für Milonga und Vals und ab und zu Workshops mit Gastlehrern aus Buenos Aires. Das stiftete keine Verwirrung und das Ziel war schnell klar: rauf auf die Tanzfläche, experimentieren und an den Herausforderungen einer Milonga wachsen. Tango war Philosophie und kein akademischer Akt. Der Tango in Berlin hatte etwas Bohemehaftes. Das Gefühl zählte, nicht die Technik. Die kam von allein – wenn man Talent hatte.

Es gab damals, im ausgehenden 20. Jahrhundert, noch nicht so viele Milongas in Berlin. Der Potsdamer Platz war eine innerstädtische Brache. Dort stand, wie von der Geschichte vergessen, einsam und allein das Weinhaus Huth, sowie ein Teil des alten Grande Hotel Esplanade mit dem legendären Kaisersaal und dem ehemaligen Frühstückssaal. Dort traf die Tangogemeinde sich jede Woche, um den Tango zu zelebrieren. Darüber hinaus verabredete man sich via (Festnetz-)Telefonkette, um in leerstehenden Wohnungen im Ostteil der Stadt oder in verlassenen Hinterhöfen zu tanzen. Das war Tango pur. Alles wirkte immer ein wenig improvisiert – so wie auch

Tangoball im »Ballhaus Rixdorf« Photo: Michael Grasmann

der Tango am schönsten ist, wenn er improvisiert getanzt wird. Anfang der 1990er Jahre war der Tango in Berlin eine Nische im bürgerlichen System. Tango war eine stilvolle, stille Rebellion.

An den Tagen wurde möglichst lange geschlafen, um dann ausgiebig zu frühstükken, mit Freunden über das Leben zu philosophieren und seine Tangopläne für die nächste Nacht zu schmieden. Damals gehörte der Tango ausschließlich in die Nacht, denn er sollte losgelöst sein vom Trott des Alltags. Der Tango sollte seine geheimnisvolle Aura behalten. Er war zu erhaben, um sich auf Tangobrunch oder gar Tango-Nachmittage mit Kinderbetreuung einzulassen. Tango war der Tanz der hungrigen Seelen. Nicht kopfgesteuert, sondern mit purer Leidenschaft gaben sich die Tänzerinnen und Tänzer der allnächtlichen Tangosucht hin, um bestenfalls in eine heftige Liebesaffäre hineinzutaumeln, die am Ende wieder die erwartete Enttäuschung mit sich brachte. Und auf die Enttäuschung folgte die nächste Hoffnung: Die nächste Nacht sollte endlich die Nacht der Nächte werden. Der Tango spielte mit uns – und wir mit ihm. Wir befanden uns immer an der Schwelle zum vollendeten Glück, überschritten diese Schwelle jedoch nicht. Das wäre das Ende des wahrhaftigen Tangogefühls gewesen.

Ab etwa Mitte der 1990er Jahre wurden neben den regelmäßigen und unregelmäßigen Terminen in Jugendzentren wie dem »Chip« in der Reichenberger Straße in Kreuzberg und alternativen Kulturstätten wie dem »Statthaus Böcklerpark« neue Milongas eröffnet. Sie ergänzten die Tanzabende in den Tangoschulen. Die Tangonacht im Roten Salon der Volksbühne ist sicher die älteste Milonga Berlins. Dort legt und legte der Tangolehrer und DJ Michael Rühl auf, der später zusammen mit Felix Hahme die Tangonacht im »Ballhaus Rixdorf« organisierte. 1996 kam mit der »Tangobar im Jazzklub b-flat« eine wöchentliche Milonga hinzu, in der in musikalischer Hinsicht neue Tangowege beschritten wurden: Neben den klassischen argentinischen Tangos wurden auch Tango Nuevo und alte russische und deutsche Tangos aus den 1920er und 1930er Jahren und gegen Ende des Jahrtausends Electro-Tango aufgelegt. Der Tango und Berliner Geschichte trafen hier aufeinander. Diese Experimentierfreudigkeit war immer ein Markenzeichen Berlins. Viele der historischen Aufnahmen sind sogar in Berlin entstanden. Und während einige DJs den lockeren Musikmix aus Tango Argentino, Tango Nuevo, Electro- und europäischem Tango bevorzugten, wollten andere sich eher am »Original« aus Buenos Aires orientieren und legten ausschließlich den klassischen Salontango der 1930er und 1940er Jahre auf. Die Musik von Juan D'Arienzo, Carlos di Sarli, Osvaldo Pugliese oder Francisco Canaro und ihren Orchestern bestimmte hier das Repertoire. Nacht für Nacht forderten mindestens zwei Milongas die Tangueras und

Tangueros zum Tanz auf. Die Tangonächte in der »Kalkscheune«, dem »Fliegenden Theater« oder im »Grünen Salon« der Volksbühne sind sicher vielen »altgedienten« Tangueros und Tangueras noch in bester Erinnerung. Im Restaurant »El Parron«, das es leider seit langem nicht mehr gibt, traf man sich nicht nur zum Essen, sondern an manchen Abenden wurde zwischen den Tischen getanzt. Im Sommer fand der von Raimund Schlie initiierte »Tangosommer im Podewil« statt. 2003 gründete er zusammen mit Judith Preuss die Tangoschule »Mala Junta«. Die Vielfalt trug sicher dazu bei, daß der Tango für immer mehr Hauptstädter interessant und die Szene immer größer wurde.

Durch die wachsende Zahl an Milongas entdeckten Musiker den Tango für sich. Zu den Pionieren gehörte der Bandoneonspieler Klaus Gutjahr. Bereits 1982 gründete er sein erstes Tangoensemble. Als einzige deutsche Gruppe nahmen er und seine Musiker am Musikfestival »Horizonte 82« teil. Doch damit nicht genug: Gutjahr sollte sich auch als Bandoneonbauer einen Namen machen.

1994 gründete sich das Orchester »Tango Real«. Die ursprünglich sechs Musiker wurden weltweit zu Tangofestivals eingeladen. Sie spielten sowohl konzertant im Kammermusiksaal der Berliner Philharmonie als auch »musica para bailar« auf Milongas. Später kamen Musiker wie Coco Nelegatti, die Sängerin und Schauspielerin Anja Stöhr, das Tangoartett »Yira Yira« sowie das inzwischen etablierte und bekannte Orchester »Quinteto Ángel« hinzu, um nur ein paar Namen zu nennen.

Der Tangoboom zog natürlich mediale Aufmerksamkeit nach sich. Von 1996 bis 1998 wurde einmal im Monat die einstündige Radiosendung »FM-Tango Berlin« ausgestrahlt. Dem Magazin »Stern« war der Berliner Tango im Jahr 1997 eine Story wert. Auch verschiedene Kulturzeitschriften widmeten sich dem Thema. Dazu folgten Dokumentarfilme wie »Berlin Tango« von Sebastian Schrade. Auf internationalen Flügen der Lufthansa wurde ein kurzer Clip über den Tango in Berlin gezeigt. Aus der »Modeerscheinung« wurde ein Berliner Kulturgut. Ende des 20. Jahrhunderts galt Berlin als die europäische Tango-Metropole. Und der Tango war nun auch ein Magnet für Tangoreisende, die ihren Urlaub in der Stadt verbringen wollten, Workshops buchten und die Nächte in den Milongas verbrachten.

Der Tango stirbt nie

Von analog zu digital: Offline tanzen, online informieren

Wo kann ich Tango lernen? Wo wird getanzt? Wo finde ich einen Tanzpartner? Während in den 1990er Jahren noch Handzettel und Anzeigen in den einschlägigen Stadtmagazinen als Informationsquellen herangezogen wurden, gibt es seit dem Jahr 2000 mit dem Portal tangoberlin.de die Möglichkeit, sich online nach Milongas, Kursen und Tanzpartnern umzusehen. Und auch die Tangoschulen, Anbieter von Tangomode oder Tangoreisen vollzogen mit dem Wechsel ins neue Jahrtausend den Schritt ins digitale Zeitalter. Webseiten wurden aufwendiger gestaltet – und mit der Zeit wurden auch die sozialen Netzwerke immer wichtiger für den Austausch, für die Tanzpartnersuche und für die Kundengewinnung.

Eine neue Tangogeneration reifte heran. Neue Tangolehrerinnen und -lehrer, die ab Mitte bis Ende der 1990er Jahre den Tango für sich entdeckten, gaben nun Unterricht. Und nicht nur das: Sie hatten auch neue Ideen, die sie einbringen wollten. Sie gestalteten ihren Unterricht unkonventioneller. Durch den neuen Elan sank auch der Altersdurchschnitt des Publikums. Inzwischen werden längst Studenten-Milongas angeboten.

2004 gründete Thomas Rieser die Tangoschule »Nou Tango Berlin« im Bezirk Charlottenburg. Heute befindet sich das »Nou« in Mitte. Susanne und Rafael gaben in temporären Locations Unterricht, bevor sie in Kreuzberg ihre Schule »Tangotanzen macht schön« gründeten. Anfang 2014 sind 43 Tangoschulen bzw. TangolererInnen bei tangoberlin.de gelistet.

Bei so vielen Aktiven war der Wunsch nach Austausch groß. 2005 wurde der »Tangokulturverein Berlin e.V.« gegründet. Im selben Jahr wurde auch das Projekt »BerlinTango« ins Leben gerufen. Hierbei handelte es sich um eine Plattform von TangokünstlerInnen, die gemeinsame Projekte durchführen und den Berliner Tango promoten wollten. Im März 2006 ging die Show »Ilusión de Tango« in der Akademie der Künste in Berlin über die Bühne. Von den genannten »Vereinen« ist heute leider nicht mehr viel übrig.

Anders sieht es bei »Zusammenschlüssen« von Musikern aus: Das 10köpfige Orchester »Sabor a Tango« wurde 2003 gegründet und trat u.a. bei der erwähnten Show »Ilusión de Tango« auf. Die Ensemblemitglieder spielen auch in anderen Formationen.

Seit 2010 gibt es das »Community Tango Orchester«. Es setzt sich aus 16 (!) Profi- und begeisterten Laienmusikern zusammen. Korey Ireland, ein Tango-lehrer, -musiker und -komponist, hatte die Idee dazu.

Und Berlin wäre nicht Berlin, wenn sich der Tango nicht auch für die Queer-Community geöffnet hätte. Es werden Milongas, Kurse und sogar ein Tangofestival für Schwule und Lesben angeboten.

Der Tango in Berlin boomte und boomt weiterhin. Kleine und große Projekte erblik-ken immer wieder das Licht der Welt. Von 2007 bis 2011 wurde der »Tango Guide Berlin« als Map für unterwegs angeboten. 2012 und 2013 gab es einen weiteren Guide. Für 2014 ist ein weiterer Stadtplan in Planung. Der Tango ist ein fester Be-standteil im Berliner Kulturleben. Das beweisen nicht zuletzt die Aktivitäten inner-halb der Städtepartnerschaft zwischen Buenos Aires und Berlin.

Wenn ich heute die Milongas der Stadt besuche, empfinde ich im Gegensatz zu den 1990er Jahren eine Veränderung in der Milonga-Atmosphäre. Zweifelsohne hat der Berliner Tango sich zu Beginn des 21. Jahrhunderts professionalisiert, aber viele Tangueros und vor allem Tangueras scheinen sehr angespannt zu sein. Es wird weni-ger gelacht. Der Erfolgsdruck scheint hoch. Es wird inzwischen sehr viel mehr Wert auf Technik gelegt, weniger auf Persönlichkeit und Ausdruck. Viele Tänzerinnen beklagen, daß sie nicht mehr aufgefordert werden, wenn sie die 40 überschritten ha-ben. Die Naivität der Aufbruchsphase der 1990er Jahre ist verflogen. Aber vielleicht ist das auch nur eine Verklärung der Vergangenheit.

Ich lege den Soundtrack von »Sur« in den CD-Player des Wagens, fahre durch die Berliner Nacht und überquere den Potsdamer Platz. Im Lichtermeer des Sony-Centers befindet sich noch immer der Kaisersaal, in dem sich heute ein Restaurant befindet. Der Saal ist eingebettet in die neue Architektur der Hauptstadt. Auf der anderen Seite befindet sich das Weinhaus Huth. Dazwischen die neuen Bauten und Touristenströme. Berlin hat sich verändert. Und genau das hat Berlin immer aus-gemacht: Veränderung! Das macht die Stadt so spannend. Nichts bleibt, wie es ist. Auch nicht der Tango. Er wird Berlin auch weiterhin begleiten und versuchen, all das auszudrücken, was die Hauptstädter und ihre Tangogäste im Alltag erleben: Trauer, Sehnsucht, Melancholie, Freude, Haß, Liebe, Leidenschaft und Hingabe.

Jörg Buntenbach

TANGO IN ASIEN

Die Milonga »Vida mia«

Photo: Martin Flurschütz (Beijing 2013)

Tango in China

Tango als weltumspannendes, die vom Tango-Virus befallenen Menschen aus verschiedensten Regionen und sozialen Schichten verbindendes Kulturgut hat, wenn doch recht spät, nach einer Zeit der Entwicklung in Japan mittlerweile auch in China Fuß gefaßt. Während in Japan bereits seit den 30er Jahren des letzten Jahrhunderts eine sehr intensive Verbreitung des Tango stattfand, war China noch sehr nach außen hin verschlossen, erst nach Beginn der 90er Jahre begann der langsame Öffnungsprozeß. Bis es dann die ersten Ausländer gab, die ihrer Leidenschaft, Tango zu tanzen, frönen wollten, sollte es noch bis Anfang des 21. Jahrhunderts dauern.

Die am meisten westlich orientierte Stadt, die gleichzeitig auch für die ausgeprägteste Lebensfreude im westlichen Sinn in China steht, war (und ist wohl immer noch) Shanghai, das »Paris des Ostens«. Dort begann sich ab circa 2003 eine kleine Tango-Szene, zunächst fast ausschließlich von Ausländern getrieben, zu entwickeln. Tangueros aus westlichen Ländern mischten sich mit Taiwanesen und Chinesen, die im Ausland gelebt hatten und nun zurückgekehrt waren; so etablierte sich eine höchst lebendige, multikulturell ausgebildete Tangocommunity, die sich regelmäßig zu Milongas traf. Auch begannen Tangolehrer, zunächst aus Taiwan,

Die Milonga »Serenata«   *Photo: Martin Flurschütz (Beijing 2013)*

später dann zunehmend aus Argentinien, Workshops abzuhalten, um das allgemeine Tanzniveau anzuheben, aber vor allem auch um neue Tänzer für Tango zu begeistern. Die großen Shows, die ebenso China auf ihren Tourneen besuchten, taten ein Übriges dazu.

Erst später verbreitete sich das Tangotanzen auch weiter nach Beijing, wo heute die vielleicht größte Tango-Szene in China besteht. Auch in anderen Städten wie Tianjin, Chengdu, Guangzhou und Wuhan haben sich um ein paar Tangobegeisterte Chinesen zwischenzeitlich ganz aktive Zirkel gebildet.

Heute kann man in Beijing jeden Abend auf eine Milonga gehen, an manchen Abenden gibt es sogar mehrere. Und das Niveau der Milongueras und Milongueros ist erstaunlich hoch. So hat eine der Protagonistinnen des Tango in China heuer den 3. Platz bei den Meisterschaften in Buenos Aires im Bühnentango gewonnen, dank ihrer einmaligen tänzerischen Synthese asiatischer mit herkömmlichen Elementen.

Trotz aller Unterschiede im Empfinden von Musik, in der Begegnung mit einem Tanzpartner, im Bedürfnis nach Harmonie und Schönheit schafft es der Tango, eine gemeinsame Basis zu bilden, auf der man sich, ohne unbedingt die Sprache des Partners sprechen zu können, auf nonverbaler Ebene gemeinsam dem Erleben des Tanzes hingeben kann.

»Ater Tango Club«   *Photo: Martin Flurschütz (Beijing 2013)*

»LACC 3«   Photo: Martin Flurschütz (Beijing 2013)

In einem späteren Beitrag im nächsten Band werde ich tiefer auf das interkulturelle Spannungsfeld im Bereich Tangotanz eingehen, speziell mit Blick auf China. Um einen Vorgeschmack zu geben auf das, was da kommen wird, hier ein Tangogedicht in der deutschen Übersetzung, das eine Tanguera und Poetin verfaßt und auch schon zusammen mit anderen ihrer Werke in München bei einer Performance präsentierte.

Martin Flurschütz

最后一支TANGO

有缘人，请不要走!
我恳请你留下来，
与我一同享受
这今晚的
最后一支TANGO
你可知道，这一别
或许又是
一个世纪之久
这一别，你我将向着
地球的两端
继续奔走
再去追赶那
传说中的
自由的宇宙

...

这一别，恐怕是此生
就难于再捕捉到
犹如今夜里的
这感性的舞池
所**散**发出的
独特的温柔
恐怕是

...

今后
她将只会为了
能够坚守住一份
轻松愉快
而从此清醒地
随波逐流
所以 ...
无论如何
朋友，恳请你
留下来
再一次握紧我的手

与我一同享受这今晚的
最后一支
TANGO

Zhang Zimo (Monica)

Letzter TANGO

Bitte geh nicht, du vom Schicksal Gesandter!
Ich flehe dich an zu bleiben,
genieße mit mir
dieses Abends
letzten Tango.
Weißt du, dieser Abschied
ist vielleicht
ein Jahrhundert lang.
Dieser Abschied, du und ich werden
an die beiden Enden der Welt gehen
und weiter umherlaufen,
weiter suchen
nach der legendären
Freiheit des Universums
...
Dieser Abschied, ich fürchte, es ist in diesem Leben
schwierig sie wieder einzufangen,
die, wie in dieser Nacht
von der Tanzfläche der Gefühle
verteilte,
einzigartige Zartheit.
Ich fürchte,
...

ab heute
wird sie, nur
eine leichte Freude
halten können,
und sich danach ernüchtert
von der Strömung treiben lassen
Daher …
was auch immer geschieht,
Freund, flehe ich dich an:
Bleibe,
halte noch einmal meine Hand
und genieße mit mir dieses Abends
letzten
TANGO

Zhang Zimo (Monica)
Übertragen in die deutsche Sprache durch **MoTak Stephanie Hung**

Blues Performance von Zhang Zimo (Monica)   *Photo: Martin Flurschütz (Beijing 2013)*

IMPRESSIONEN, REFLEXIONEN UND ERZÄHLERISCHES

Aus der Serie »Milonga Veneziana« (2009)

Venedig, ein Dienstagabend im September 2007. Abendessen mit Freunden in einem Restaurant auf dem stillen Campo San Giacomo dall'Orio. Unruhe auf dem Platz. Jemand baut eine Musikanlage und Lautsprecher auf, Leute kommen, begrüßen sich, reden, lachen – dann erklingt Musik: Tango! Und die Paare beginnen zu tanzen …

Venedig, ein Dienstagabend im September 2009. Wieder auf dem Campo San Giacomo dall'Orio. Ob die Tangotänzer erscheinen werden? Und tatsächlich: Die Veranstalter bauen ihre Musikanlage auf, die Paare versammeln sich, manche wechseln ihre Schuhe, und dann legen sie los. Eine Dame im roten Kleid, ihr Partner im eleganten Anzug. Ein anderes Paar in weißem Hemd bzw. Bluse und schwarzer Jeans.

Eine junge Frau im kleinen Schwarzen. Rote T-Shirts, blaue Hemden. Hochhak-
kige Tanzschuhe, bunte Sneakers. *Fare bella figura*. Das schlurfende Geräusch der
Füße auf dem jahrhundertealten Steinboden mischt sich mit der Musik, mit den
Gesprächsfetzen und dem Lachen der Umstehenden.

Es beginnt zu nieseln, ganz leicht nur, Sommerregen. Unbeirrt tanzen die Paare weiter, versunken in der Musik, in der Bewegung. Der steinerne Platz reflektiert die Straßenlaternen, die Werbeleuchten, die Lampions des Restaurants, er wird zum glänzenden Parkett.

Die flüchtige Bewegung einfangen ins Bild.

Frank-Rüdiger Berger

Nur dieser eine Moment

Wir stehen uns gegenüber wie in einer engen Straßenbahn. Dann lächle ich sie an. Ich stelle mich vor, auch sie nennt ihren Namen. Ein leichtes Heben ihrer rechten Hand deutet an, sie möchte mit dem Tanzen anfangen. Ich zögere, kann gar nicht sagen, weshalb. Vielleicht habe ich es so von Buenos Aires in Erinnerung. Dort fängt kein Milonguero gleich bei den ersten Takten der Musik mit dem Tanz an. Er wartet. Ein Mann will mehr von der unbekannten Tanzpartnerin erfahren, ein bißchen mehr als den Vornamen. Vielleicht den Beruf, den Klang ihrer Stimme, ihre Gestik? Ich brauche auch diese kurze Ruhe vor dem Tangosturm. Auch der langsamste Tango ist ein Sturm, *una tormenta*.

Inzwischen nehme ich die Musik wahr, kenne den Titel, weiß den Namen des Orchesters, auch den des Sängers. Ich liebe dieses Stück. Und das ist ungemein wichtig. »Tanze niemals nach einer Musik, die dir nicht liegt«, diesen Satz von einem Freund aus den Anfängerzeiten befolgte ich wie ein Mantra. Damit hat er mich schon vor manchen Unannehmlichkeiten bewahrt. Beginnt eine *tanda*, die ich nicht mag, tanze ich nicht.

Dieser Tango heißt »Amarras«, gespielt vom Orchester Juan d'Arienzo. *Amarras* sind die Festmacher bei einem Schiff. Mit diesen starken, armdicken Tauen werden Boote am Kai festgemacht. Hector Mauré singt von einem Seemann, der sich auf dem Markt von Buenos Aires verliebt hat. Unglücklich. Sie hat ihn verlassen. Die Festmacher zur Frau, aber auch die des Schiffes zerren an ihm. Noch spielen die Bandoneons die allerersten Takte. Schon bald wird Hector Maurés starke virile Stimme einsetzen.

Ich biete ihr meine Hand an, meine linke Hand. Unsere erste Berührung. Hand in Hand. Langsam führe ich meinen rechten Arm um sie, um ihren Rücken. Ich spüre ein Schulterblatt. Ich spüre auch ihre linke Hand auf meiner Schulter. Jetzt erst erfasse ich ihre Körpergröße, merke, daß sie größer ist, als vorher eingeschätzt. Sie kann gut über meine Schulter blicken. Die geliebte Melodie beginnt. Ich ahne schon die erste Zeile: »*Vago como sombra atormentada* ...« Welch emotionalen Möglichkeiten die kastillanische Sprache hergibt: »*Ich streife herum wie ein gequälter Schatten* ...« Mit einem Satz ist das Unglück beschrieben.

Ich lehne mich mit meinem Oberkörper ein bißchen vor. Meine linke Hand umgreift ihre Hand etwas fester. Auch meine rechte Hand erhöht kaum merklich den Druck. Unsere Oberkörper berühren sich. Leicht.

Ich bin dabei, die Person, die ich umarme, zu erfassen. Nicht ihren Körper, ihre Haltung, auch nicht den Druck ihrer Hand oder ihres Arms, sondern ihre Spannung. Ich versuche, ihre Spannung zu spüren. Dahinter verstecken sich all diese Fragen:

Wie zurückhaltend, wie engagiert tanzt sie? Folgt sie ihrem eigenen Temperament oder ausschließlich der Musik? Und wie eng wollen wir tanzen?

Ich warte auf ihre Signale. Die Melodie wiederholt sich, die Geigen setzen ein. Dies ist der schwierigste Moment. Was wird aus diesem Tangopaar? Ich denke an Piazzolas unvergeßliche Worte: Ein Tango sind drei Minuten mit der Wirklichkeit. Zwei fremde Menschen, verbunden durch die Hände, die Arme, den Oberkörper und die Musik. Sonst nichts. Die Musik sagt, nun kommt euch näher. Aber wie soll das gehen?

Schon mein erster Schritt kann vieles entscheiden. Aber ich warte noch, höre in sie hinein. Sie wird mir gleich antworten, wer sie ist, welche Sprache ihr Körper spricht. Sie wird mich wissen lassen, wie ihr Tag war, wie ihre Spannung ist, welche Freude sie jetzt gleich verspüren wird.

Dieser eine Moment – er ist wie ein Tagebuch.

Ich spüre die Musik von Juan d'Arienzo, dem König des Taktes, *el rey de compás*. Er treibt den Körper und feuert deine Seele an. Sein furioses Dirigieren des Orchesters überträgt sich noch nach zwei Generationen. Analog aufgenommen, digital in der Welt verbreitet, kommt sein Feuer bei mir an – wieder analog. Ich kann noch so müde sein, d'Arienzo bringt neue Kräfte. Ich habe schon die Schuhe wieder angezogen, wenn in den Morgenstunden d'Arienzo aufgelegt wurde.

Wer ist meine Partnerin? Ich werde es gleich erfahren. Aber werde ich nicht auch mich selbst spiegelbildlich erkennen? Erzählt sie mir nicht auch gleich wie mein eigenes Tagebuch heute war?

Ich konzentriere mich. Manchmal brauche ich das nicht, meistens übernimmt die Musik meinen Körper. Es gibt wohl zwei Gesichtsausdrücke bei mir. Den der Konzentration. Und den der Freude.

Bevor ich den ersten Schritt setzen werde, sage ich mir »tanze in den Boden hinein«. Diese Worte meiner argentinischen Tangolehrerin Adriana klingen oft in meinen Ohren, wenn ich mit einer fremden Frau tanze. Ich nehme die Schultern herunter, entspanne den Körper und beginne mit den Schritten. Wie auf wundersame Weise geordnet, beginnt ein Fluß. Es fließen Bewegungen. Wie Sinuswellen, hoch und runter. Ich muß oft beim Tangotanzen an's geliebte Segeln denken. Zum ersten Mal fiel mir das in dem Film »Tango Lesson« auf. Die Köpfe der tanzenden Paare gingen hoch und runter, es sind sehr weiche Bewegungen. Die gleichen wie sie ein Boot auf den Wellen macht. Hier sind es Wellen der Musik. Die Seemannssprache, die eine besondere ist, vergleiche ich oft mit der Tangosprache: *abrazo, adorno, apilado*. Schon wegen dieser drei Worte sollte man Tango tanzen.

Ich muß um die zwanzig Jahre alt gewesen sein. Damals gab es noch im Kino Vorfilme. Ich habe diesen Schwarz-Weiß-Film über Buenos Aires in Erinnerung. Werftarbeiter kamen in derben Arbeitsklamotten nach ihrer Schicht in eine Kneipe.

Sie tranken an der Bar ihren Wein und als aus der Musikbox ein Tango erklang, nahmen sie sich die Kellnerinnen und tanzten Tango. Ich hörte zum ersten Mal den Klang vom Rio de la Plata, sah die Paare, und eine Sehnsucht überkam mich, den Tanz einmal zu erleben. Viele Jahre lang trug ich diese Bilder in mir. Und als ich in unserem Stadtviertel einen Tango-Tanzkurs durch die Scheiben eines Cafés erblickte, war ich wieder Zwanzig. Ich wußte, hier schließt sich ein Kreis. Ich meldete mich an.

Isabella heißt meine Tanzpartnerin. Sie sieht aus wie eine Argentinierin, ist es aber nicht. Isabella kommt aus Köln. Das hatte sie mir eben gesagt. Mit einer kaum fühlbaren Verzögerung schiebt sie ihren Arm noch ein wenig höher auf meine Schulter. Ich bedanke mich mit einem Lächeln. Kein anderer Tänzer kann das sehen, denn jeder ist mit sich selbst beschäftigt. Die meisten Frauen haben die Augen beim Tanzen geschlossen. Isabella gleich auch? Aber umso größer werden die Augen der Frauen beim Zuschauen. *People watching* ist aufregend. Alle Tangotänzer sind Voyeure. Besonders Tangotänzerinnen.

Noch haben wir keinen einzigen Schritt getanzt. Es ist voll und wir stehen auf der Außenbahn. Ich schätze Isabella auf Anfang vierzig. Ich tanze lieber mit Frauen in diesem Alter und auch älter als mit ganz jungen Tänzerinnen. Weiß, daß ältere mehr nach der Musik tanzen. Junge Frauen lieben die Figuren, wollen mehr ihre *adornos* zeigen – ähnlich wie ihr neues Kleid, ihre neuen Schuhe. Ihre jungen Körper vibrieren oft vor Ausdruckswillen und Temperament. Ich muß dann an durchgehende Pferde denken. Das kann ich ändern, indem ich sie etwas fester halte. Mit diesem leichten Druck kann ich oft den Teil des Temperaments herausnehmen, der über den Rhythmus der Musik hinausgeht.

Ganz ähnlich mache ich das auch, wenn Frauen ihre Figuren zu schnell tanzen. Das ist ein Thema für sich! Ich möchte nicht beschreiben, wie schlecht sich das anfühlt und aussieht, wenn eine Figur schnell abgefertigt wird. Welche andere Welt der Ästhetik und der Emotion tut sich auf, wenn meine Partnerin sich alle Zeit dieser Welt nimmt, um ihre Verzierung, ihr Tippen mit den Schuhspitzen, ihre Improvisation langsam, gefühlvoll durchzuführen – so, als würde sie das alleine vor dem Spiegel in ihrem Zimmer üben. Frauen über dreißig tanzen meist ruhiger, oft ist es ein Genuß, ihre Langsamkeit bei einer *firulete* zu spüren.

Tango ist wie Jazz, lebt von der Überraschung, der Improvisation. Wenn ich eine gut tanzende Frau beobachte und sie später auffordere, kann es sein, daß wir beide eine andere musikalische Interpretation suchen. Dann fehlt die letzte Harmonie, es klappt nicht richtig. Ganz anders kann es mit einer mir völlig unbekannten Tänzerin sein. Sofort ist diese Harmonie zu spüren. Vielleicht nicht gleich beim ersten Tanz, aber wohl danach. Tango, Tanz der Überraschungen!

Ich habe gelernt, es hängt meist von mir selbst ab, wie eine Frau tanzt. Ich kann einiges bewirken. Bin ich im Zweifel, wie gut, wie weniger gut die neue Partnerin tanzt, mache ich ganz einfache Schritte, schränke Figuren ein, drücke sie etwas leichter gegen mich, erhöhe die Körperführung und es braucht nur wenig mehr Dominanz. Oft habe ich danach ein kleines Wunder erlebt. Es war so, als ob die Partnerin darauf gewartet hätte. »Nimm mich fester in deine Umarmung, dann fühle ich mich besser!« Körpersprache.

Da ist noch etwas, was ich nicht verstehe. Je besser eine Tänzerin tanzt, desto weniger Figuren führe ich, desto mehr konzentriere ich mich auf die Musik, den Rhythmus, den Takt, die Pausen. Ich habe dann das Gefühl, Figuren stören nur. Weniger ist mehr. Oft kommt danach ein kurzes Händedrücken. Als Dank.

Von manch einer aus Buenos Aires zurückgekommenen Tänzerin habe ich gehört, wie sehr sie von den *porteños* zu fest beim Tanzen gedrückt wurde. Was ist fest, was zu fest, was ist eine zu lockere, belanglose Umarmung? Ja, die Nuancen machen es aus.

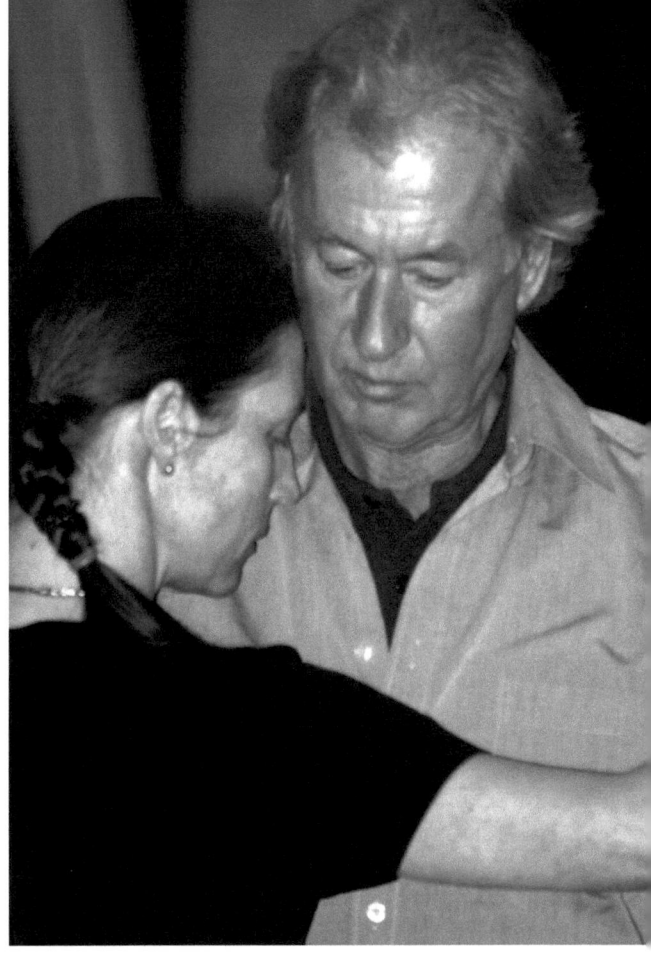

Klaus Hympendahl beim Tango mit einer unbekannten Tänzerin

Eine festere Führung ergibt sich oft bei einem Neuanfang nach einer winzigen Pause. Pausen gehören zum Tango. Sie sind Teil der Musik. Ich liebe es, Pausen zu tanzen. Es ist dieser kleine Moment, nach dem sich die Musik neu findet. Ich genieße dieses ganz kurze Innehalten. Mit meinem leicht verstärkten Druck beginnen sich die Körper danach neu zu orientieren. Es ist ein aufregender Neuanfang, mitten im Tanz.

Ich bin immer noch bei dem Gedanken, ob Isabella und ich, na ja, ob es paßt. Das merke ich besonders bei Drehungen, wenn sich dabei unsere Oberkörper nicht voneinander trennen. In der Drehung wird die gemeinsame Lust am Tango deutlich, beieinander zu sein, das Gleiche zu erleben, in diesem Moment, bei dieser Drei-

Sekunden-Drehung. Und wenn es hoch kommt, bei diesem Drei-Minuten-Tango.

Drei Minuten mit der Wirklichkeit.

Hier spielt die Wirklichkeit. Nicht die da draußen im Leben. Die zählt nicht. Draußen ist die Wirklichkeit, die keine ist! Wer das verwechselt, hat nicht den Tango verstanden. Den durchströmt nicht der Sonnenschein von di Sarli, nicht die Dramatik von Pugliese, nicht die Sturmfahrt von d'Arienzo.

In Buenos Aires, so sagt man, sind es Taxifahrer und Installateure, die besonders gute Tänzer sein sollen. Wenn nun ein Taxifahrer mit einer Kassiererin tanzt. Dann ist das ihre Wirklichkeit. Nicht ihr Leben.

Ich erlebe all diese Gedanken wie im Zeitraffer. Isabella und ich haben noch keinen einzigen Schritt gesetzt. Bis jetzt ist es nur dieser eine Moment – vor dem Tanz – in dem mir all das durch den Kopf schießt.

Ich bin jetzt bereit für unseren ersten Schritt. Und genau hier beginnt für mich das Mysterium Tango. Woher weiß Isabella, was meine erste Bewegung sein wird? Ich selbst weiß es nicht. Meine Bewegungsabläufe sind eine Kette von Impulsen zwischen Kopf-Brust-Bauch-Füßen. Es sind Nano-Sekunden, in denen sich diese Impulse abspielen. Wie nehmen Frauen diese auf? Welche Antennen haben sie? Welche Sensoren? Wie antizipiert eine Frau, in welche Richtung mein Fuß, mein Kopf, mein Oberkörper sich gleich bewegen wird?

Jetzt erst mache ich den zweiten Schritt. Jetzt tanzen wir. Als Hector Mauré anfängt zu singen, summe ich mit. Unsere Oberkörper bleiben drei Minuten lang zusammen. Die Musik führt uns durch die Wirklichkeit. Mehr ist eigentlich nicht zu sagen. Über nur diesen einen Moment.

Klaus Hympendahl

Wie in alten Zeiten

»Schreib doch mal was Interessantes«, meinte Tom am Telefon. Seine Stimme klang gelangweilt. »Nicht diese Klischees, über die alle schreiben und dazu noch so überladen. Dein Zeug klebt wie Karamell an den Zähnen.«

Nadja lachte.

Tom tanzte schon zu lange Tango und hatte zu viele Texte über unerfüllte Sehnsucht und Stolz gelesen. Tom saß oft in einer Milonga herum und tanzte nur noch selten.

Er hatte entschieden, nie mehr mit verheirateten Frauen zu tanzen, außerdem fand er es affig mit Mädchen; wie er die zwanzig Jahre jüngeren nannte. Zwanzig Jahre ältere gab es nicht. Eine Frau, die seiner Meinung nach komisch aussah, wollte er erst recht nicht an sich heranlassen. Da blieb allerdings nicht mehr viel Auswahl.

Er war offensichtlich ausgebrannt.

Nadja hatte weniger Ansprüche. Drei Männer waren dafür bekannt, daß sich ihre rechte Hand überall festsaugte, nur nicht am Rücken. Oder sie die Hüfte so provokant nach vorne schoben, daß nur ein akrobatisch anmutendes Hohlkreuz der Tänzerin etwas Beinfreiheit verschaffte. Die drei übersah sie, selbst wenn sie sich breitschultrig vor ihr aufbauten.

Von allen anderen ließ sie sich bereitwillig über das Parkett führen.

Tom war stur. Er hatte ständig das Gefühl, emotionslose Säcke vor sich herzuschieben. Irgendwie schmiegten sie sich an, aber es kam, wie er sagte, absolut nichts rüber.

Bei Nadja kam immer etwas an. »Ich versteh das nicht, sag mir, was du machst.« Sie überlegte, ob sie das erklären konnte. »Ich erwarte nichts und ich fordere nichts, das ist alles. Ich bin bereit, mitzugehen, mehr nicht.« »Und wo bleib da das Gefühl?«

»Na ja, ich denke mir, die Männer wollen tanzen, um abzuschalten. Zuhause macht die Ehefrau Druck, weil ihr die Wohnung nicht mehr gefällt, das Auto zu klein ist, und weil er von Urlaub in Buenos Aires schwärmt, sie aber auf die Malediven möchte. Wenn es das nicht ist, dann ist es der Job, in dem er permanent überfordert oder frustriert wird. Eigentlich hat er die Schnauze voll, kann aber nicht einfach gehen.« Sie beschränkte sich auf das Wesentliche. »Dann will er einfach nur tanzen und nichts müssen, denke ich mir. Ich fordere nichts, dann können sie loslassen. So wird es Tango und die meisten wollen nicht mehr aufhören. Das genieße ich.«

»Dann bist du eine verkleidete Krankenschwester.« Nadja lachte wieder bei der Vorstellung. »Wer weiß, vielleicht lebe ich mein Helfersyndrom aus und alle Beteiligten haben etwas davon. Im realen Leben würde es grausam enden, aber für die kurze Zeit ist es ein Schlüssel.«

»Darüber müßtest du schreiben, das ist mal ein interessanter Ansatz.« Nadja überlegte »Ganz ohne Romantik?« Ein langgezogenes Brummen rollte durch die Leitung. »Es wäre eben mal was anderes. Nebenbei bemerkt, du bist einfach naiv. Ich garantiere dir, daß die Männer nur wegen der Frauen zum Tanzen gehen und nicht wegen des Erholungswertes. Den teuren Unterricht und die langen Abende investieren sie nur, um am Ende doch noch die Traumfrau zu bekommen.« Er lamentierte einige Zeit über die unansehnlichen männlichen Gestalten auf dem Parkett. »Groß, mit Bierbauch oder klein mit Putzwolle auf dem Kopf, die haben auf dem freien Markt keine Chance.« Sich selbst nahm er aus dieser Gruppe aus.

»Wenn ich mit ihnen tanze, sehe ich sie nicht, es geht doch um etwas ganz anderes«, versuchte Nadja einen Verteidigungsansatz, um die Männer zu retten.

Das Gespräch glich einer endlosen Ocho.

»Ist dir in den Jahren schon die Traumfrau begegnet?« »Ja klar.« »Ja und, was ist nun?«

Ein kurzer Seufzer. »Sie ignoriert alle meine Signale. Wir brauchen wohl noch etwas Zeit.« »Vielleicht ist sie in einer Beziehung.« Nadja wartete auf eine Antwort. »Ich beobachte sie jeden Abend und da ist keiner, das weiß ich.« Sie schluckte, das schien doch eine ernste Sache zu sein. »Wie lange geht das schon und was hast du vor?« »Ein gutes Jahr und ich werde dranbleiben. Ab und zu tanzt sie mit mir und irgendwann wird sie es schon merken.« »Daß sie dich nicht los wird?« »Ach, du willst mich nicht verstehen. Ich habe kein Helfersyndrom, ich weiß, was ich will.« »Was willst du denn?« Tom atmete mehrmals tief durch. »Sie glücklich machen, auf Händen tragen, mit ihr in den Urlaub fahren, endlos quatschen, ordentlichen Sex. Alles, was eine Frau sich wünscht.«

»Die Reihenfolge überrascht mich.«

Nadja war sich nicht sicher, ob Tom aufgelegt hatte.

Endlich räusperte er sich: »Wenn du willst, können wir auch mit dem Sex anfangen.«

Maria Schmitt

Von einer, die auszog, den Tango zu lernen …

Wann ich meine ersten zögerlichen, tapsigen Tango-Schritte gemacht habe? Ich weiß es nicht mehr so genau, muß wohl schon ein paar Jährchen her sein. In einer Tanzschule, das ist gewiß. Vor, seit, rück, Gehen im Rechteck, gemeinsam mit einem mir unbekannten Tanzpartner, der, zur Gänze konzentriert auf seine eigenen Füße, mich nur unsicher vor sich her schob, und an den ich mich heute nicht mehr erinnere. Dann die erste Ocho, eine kleine Drehung in der Hüfte, noch wackelig, ungelenk, aber mit Stolz. Anfangs schien alles irgendwie ganz leicht. Keine Ahnung, warum alle so stöhnten. Tango? Den lernt man nie. Nie wirklich, nie ganz, nie bis zur Perfektion. Seufzten die, die es wissen mußten. Die jahrelang schon tanzten, übten. Immer nur eine Annäherung, ein weiterer winziger Schritt in die angestrebte Richtung, dorthin, wo diese leidenschaftliche Musik pulsiert, das Herz des Tango schlägt. Kann ich als moderne, mittelstädtische und ahnungslose Europäerin, die ich keinen Bezug zur Geschichte des Tango habe, die den Großteil ihres bisherigen Lebens ohne Tango ausgekommen ist, die ich noch nie in Buenos Aires, am Rio de la Plata war, der Wiege des Tango Argentino, die Gardel und Piazolla, Pugliese und Troilo nur als lose Namen vom CD-Cover kennt, kann ich also jemals so vermessen sein, den Tango lernen zu wollen? Begreifen, fühlen, tanzen zu wollen?

Ich habe nicht viel darüber nachgedacht. Ich wollte tanzen. Und die Musik, diese unter die Haut ziehende, leicht schwermütige, getragene Folgen von Tönen, Klängen, Rhythmen, die hat mir gefallen. Die hat sich wie von selbst getanzt. Das bißchen Gehen und Drehen, das schien recht einfach. Das erste Kreuzen, geht ja. Dazu der ernste Gesichtsausdruck der Tanzenden ringsum, wie sie achtsam, sorgsam ihre Schritte setzten, ihre Füße beobachteten, die langsamen Bewegungen, all das gab der Situation, passend zur Musik, Bedeutsamkeit, Tiefe. Und sah schon von Anfang an gut aus, wie ich befand. Ich beobachtete sie gerne, die anderen Paare, da war so viel konzentriertes Miteinander, so viel Gemeinsames – gemeinsames Tun, Erforschen des eigenen Körpers, der Musik, des Rhythmus, der Bewegungen des anderen.

Und so habe ich mich durch ein, zwei, drei Anfängerkurse getanzt. Ein paar Stunden mit wechselnden Tanzpartnern, von denen jeder anders an die Sache heranging … mal verkrampfter, mal lockerer, mal vorsichtiger, mal überzeugter. Man redete meist viel in diesen ersten Stunden: »Hab ich das richtig gemacht? Hast du das gespürt? Nein, du solltest doch kreuzen! Wie ging das noch mal? War das jetzt eine Ocho? Bitte nicht so fest drücken!« Und so weiter. Geplapper und Geplauder, Gelächter, das die Unsicherheit übertünchen sollte, die Hemmungen und Ängste.

Ich tanze bis heute, ein-, zwei-, dreimal in der Woche. Ich lerne und übe und genieße bis heute. Und ich weiß heute: Ich werde nie fertig sein mit dem Lernen, werde ihn nie ganz verstehen, begreifen, den Tango – aber er hat mich gepackt, fasziniert mich von Mal zu Mal mehr, und ich bleibe dran. Eine routinierte Anfängerin, eine leidenschaftliche Tänzerin, willig, weiter einzutauchen in diese magische, mythische, wunderbare Welt des Tango Argentino.

Von der Qual der Wahl

Wer Tango tanzen will, braucht ein Gegenüber, einen Tanzpartner, eine Tanzpartnerin. So weit, so gut. Weniger gut ist nur, daß das Verhältnis Männer – Frauen beim Tangotanzen heutzutage ein klein wenig unausgeglichen ist: Es gibt gefühlte 100 Prozent mehr tanzwillige Damen als tangobereite Herren. Das sorgt für ein immerwährendes Dauerproblem: Wo krieg ich als Dame einen einigermaßen brauchbaren Herren her? Dabei war das nicht immer so. Denn unter den Millionen Einwanderern, die Ende des 19. Jahrhunderts die Hafenstädten am Rio de la Plata in Argentinien und Uruguay bevölkerten, herrschte eklatanter Frauenmangel. Hier, in diesem Schmelztiegel der Kulturen, hatte das Herz des Tango zu schlagen angefangen. Inmitten von Armut, Not und Einsamkeit, von Gewalt, Hunger und Sehnsucht. Hier wurde Musik gespielt, es wurde getanzt. Und mangels Frauen tanzten eben auch die Männer miteinander. Und sie tanzten um die wenigen Frauen, umwarben sie, kosteten den Moment aus, da man einander berühren, den Körper des anderen spüren konnte. Damals schon muß es entstanden sein, dieses Wissen, dieses Spüren, das auch heute noch gilt: Wer als Mann den Tango zu tanzen versteht, wer die Frau in seinen Armen zärtlich und leidenschaftlich, respektvoll und sicher zu führen vermag, dem gehört die Welt. Dem liegen die Damen zu Füßen. Das muss im 19. Jahrhundert schon ebenso gewesen sein wie es heute ist. Ein Mann, der Tango tanzen kann, wird nie ein Problem haben, eine Frau zu finden. So viel für romantische Herzen.

Für pragmatischere Denkerinnen stellt sich die Frage: Wie komm ich ran an so 'nen Mann? Hier wünschte ich mir ein bißchen mehr von der vielzitierten Qual der Wahl. Wobei, wenn ich auf meine Erfahrungen zurückblicke: Für die ersten Schritte findet sich wohl noch eher ein Tanzpartner. Denn jeder Mann ist vermutlich froh, wenn er erst mal beschlossen hat, den Tango zu erkunden, eine ebenso ahnungslose, willige Tanzpartnerin zu finden. Das kann in Tanzschulen genauso sein wie in virtuellen Netzwerken, diversen Tanzbörsen, bei Einführungs- und Schnupperabenden. »Meine« Tanzschule war so nett und hat sich damals wie heute bemüht, entsprechende Tanzpartner für partnerlose Tänzer und Tänzerinnen aufzutreiben. Es gab immer wieder »Aushilfsherren«, die einsprangen (wenn die Damen wieder einmal garstig in der Überzahl waren). Weil sie gerne lehren, ihr Wissen weitergeben, weil sie eine soziale Ader haben. Oder was weiß ich. Tatsache ist, daß es für den Anfang eigentlich (fast) egal ist, welche Qualitäten der Herr mitbringt. Außer zwei (einigermaßen bewegliche) Füße, zwei Arme und möglichst minimalen Körpergeruch. Dann ist er schon ein King. Und heiß begehrt bei den Damen. Umgekehrt punkten bei diesem Zahlenverhältnis natürlich junge, schicke, den aktuellen Schönheitsidealen entsprechende Damen am meisten. Ihre Chance auf einen Tanzpartner sind eindeutig höher. Zumindest am Anfang. Grundsätzlich kann ich zum Einsteigen nur raten: Nehmt, was ihr kriegen könnt! Sucht euch einen Anfänger mit Potential! Hört euch um in euren Netzwerken, geht in die Tanzschulen, seid lästig. Borgt euch den Mann der Freundin aus, euren Bruder, den Neffen oder den eigenen Opa, wenn's sein muß. Übt mit dem Stuhl, dem Tanzlehrer und der besten Freundin. Egal wie, es ist zu schaffen! Auch für Frauen. In jedem Alter und sogar mit einer Körpergröße von knapp 1,80. Ohne Schuhe. Wer es wirklich will, wird sich einen Tanzpartner finden. Und sei es nur für einen Tanz. Es zahlt sich aus, denn der Tango gibt dir alles und noch mehr zurück, was du zeitweise vielleicht zähneknirschend investieren mußt.

Une Liaison dangereuse

Der Tango und die Liebe – mein Gott! Unschuldig war ich und naiv, als ich meine ersten Schritte im Tango gelernt habe. Ich habe mich gefreut, daß sich immer wieder ein Tanzpartner gefunden hat. Aber tatsächlich habe ich sie nicht wirklich wahrgenommen, die Herren, mit denen ich meine Schritte in den Tango tat. Wir waren blutige Anfänger, allesamt, und im Grunde war jeder so sehr mit sich selbst beschäftigt – mit den Schritten, der Musik, dem Gleichgewicht, der richtigen Drehung zur richtigen Zeit, da blieb kein Platz, sich groß um sein Gegenüber zu kümmern. Dachte ich. Anfangs. Dann kam er. Er tanzte mit mir und ich fühlte mich wie im siebten Himmel. Diese Leichtigkeit, dieses Schweben, dieses Miteinander. Jede Bewegung ein Genuß, ein Ineinander-Versinken, ein Kommunizieren ohne Worte, stilles Verstehen, ach, schwer zu beschreiben, aber: Es hatte mich gepackt. So also konnte Tango sich anfühlen. Das also war es, von dem alle schwärmten. Zwei Herzen im Gleichklang, Körper in vollendeter Harmonie. Zumindest habe ich es so in Erinnerung. Eine schöne Zeit. Tango tanzen ohne Ende. Und eine heftige Liebe. Die ebenso heftig endete. Und mir den Schmerz meines Lebens beschied. Ich hatte auf einen Schlag alles verloren: meine Liebe und meinen Tanguero. Das tat weh, sehr weh. Und ich wußte instinktiv: Nur eines konnte mich retten – der Tango selbst. Ich mußte weiter tanzen, ich mußte wieder raus, unter die Leute, mußte mir meine Tangueros suchen. Aber ich wußte auch: ich will wieder tanzen, mit ganzem Herzen, mit ganzer Hingabe, jeden einzelnen Tanz. Mein Gegenüber hatte plötzlich ein Gesicht bekommen, war real geworden – ich hatte gelernt mit einem Anderen zu tanzen, ihn wahrzunehmen, mich auf ihn einzulassen. Anfangs war ich noch oft den Tränen nahe. Jede Melodie war Erinnerung, war Schmerz. Und dennoch: ich denke heute, daß mich diese Erfahrung dem Tango näher gebracht hat, sie hat mein Herz geöffnet. Hat mich geöffnet für mein Gegenüber – für den Moment des Tanzes, einen Moment des Sich-Einlassens. Das ist das Gefühl, das den Tanz ergänzt. Vertieft. Ihm seine Seele gibt. Die Nähe zwischen zwei Menschen. Jetzt und hier und im Moment. Das ist die eine Seite.

Denn natürlich ist es so, daß es genug Herren wie Damen gibt, die den Tango mehr oder weniger offensichtlich als Partnersuche betrachten – sei es für eine Nacht, ein paar Monate oder ein ganzes Leben. Es gibt genug Herren, die sich ihrer Faszination als gute Tänzer bewußt sind und auf diesem Wege ihre Eroberungen planen. Es gibt diejenigen, die sich nie festlegen wollen und immer mit einem, einer anderen tanzen. Und es gibt die, die diese Art von Nähe überhaupt nur mit ihrem eigenen Partner erleben können und wollen und nur ungerne, wenn überhaupt mal, den Tanzpartner wechseln. Es gibt Paare, die kommen zu zweit, tanzen sich quer durch mit Vergnügen und gehen dann locker und entspannt zusammen nach Hause. Es gibt die, die sich nach jedem Tanz wilde Hoffnungen machen – »er hat mich so eng an sich gedrückt« ... »sie hat mir so tief in die Augen gesehen« ... und manche/r mag glauben, daß dies ein Hinweis für mehr sein könnte. Ein schwieriges Unterfangen, wie ich finde. Und ein bißchen wie im richtigen Leben. Es muß wohl jeder für sich entscheiden, was der Tango für ihn bedeutet, was man sucht und zu finden hofft. Mir persönlich gefällt mittlerweile der Gedanke am besten, daß im Tango der Moment zählt, der Moment der Hingabe – aneinander, an die Musik, die Bewegung. Es zählt kein Davor und kein Danach. Das Drumherum mag schwierig sein, kompliziert, schmerzvoll, unangenehm, was auch immer ... es ist einfach der Moment, da sich zwei (oftmals wildfremde) Menschen nahe kommen können, ungeachtet aller Grenzen, Hindernisse und Widrigkeiten. Und das ist es doch, was letztlich zählt im Leben. Oder nicht?

Karin Klug

TANGO IM
DOKUMENTAR- UND SPIELFILM

Bild aus dem Dokumentarfilm »MY first Tango« von Judith Schwyter

EIN ERSTER TANGO UND EIN LETZTER
UND DANACH NOCH VIELE WEITERE

In diesem Kapitel stellen wir fortlaufend, von Band zu Band, Tangofilme vor, in Beiträgen, welche die jeweiligen FilmemacherInnen größtenteils selbst verfassen. Darin geben sie Einblicke in die Entstehung ihrer Werke, in Form von Dreh- bzw. Set-Tagebüchern, aber auch in ihrem persönlichen Zugang zum Tango, und was sie bewogen hat, sich mit diesem Sujet in der jeweiligen Art filmisch auseinanderzusetzen. Wir beginnen diese Reihe hier mit einem Beitrag über den Dokumentarfilm »My first Tango« von Judith Schwyter (S. 147). Außerdem wird Filmfest-Leiter Matthias Helwig über seine Beweggründe sprechen, Tangofilme sowohl in das Festival-Programm wie auch in jenes seiner Kinos aufzunehmen, und diese in einem davon mit der Einladung zu einer After-Film-Milonga zu verbinden.

Das Fünf Seen Filmfestival

In Ausgabe 18 der »ZEIT« schrieb die Filmkritikerin Katja Nicodemus über dieses Festival, das 2014 schon zum achten Mal stattfand, »Sie müssen nicht nach Cannes fahren, um interessante neue Filme zu sehen. Beim oberbayerischen Fünf Seen Filmfestival geht das viel entspannter«. »Wo Cannes die Côte D'Azur hat, Venedig den Lido, die Berlinale den Potsdamer Platz im Schneeregen, da punktet das Fünf Seen Filmfestival mit dem, was der Name schon verheißt: mit der Kulisse von Starnberger, Ammer-, Pilsen-, Wörth- und Weßlinger See südwestlich von München. Ob es

Photo ©: Pavel Broz, Jörg Reuther, von der Homepage www.fsff.de

sich deswegen mit 14.000 Zuschauern zum zweitgrößten Filmfestival in Bayern entwickelt hat?« (Radio Bayern 2, Kulturwelt, 24.07.2013)

Zweifellos ist es ein Festival von europäischem Rang, das 2014 einen Rekord von etwa 17.000 Besuchern verzeichnete und somit einen Zuwachs von 20 Prozent gegenüber des Vorjahres. An mittlerweile zehn Spielstätten wurden diesmal insgesamt über 140 Spiel-, Dokumentar- und Kurzfilme aus 20 Ländern gezeigt. Das »ca:st Schauspielermagazin« schreibt in seiner Ausgabe 2/2014: »Das FSFF bietet das, was man vor allem in Berlin und München immer mehr suchen muß: Den lockeren, direkten Kontakt zu den Filmemachern. Der wohl schrillste Kino-Ort der Republik ist die ›MS Starnberg‹, ein Schiff auf dem Starnberger See, mit Leinwand statt Segel.«

In diesem Jahr zählte zu den Ehrengästen auch Wim Wenders, der auf dem Festival mit einer Retrospektive seiner Werke vertreten war.

Filmpatenschaften und die Tangofilmnächte
mit Tangobar / Milonga
im Kino Breitwand auf Schloß Seefeld

Die Zusammenarbeit zwischen Matthias Helwig, der auch Besitzer dreier Breitwand Kinos in dieser Region ist, in Starnberg, Herrsching und Seefeld (bald auch in Gauting bei München), und »Der Schule für Argentinischen Tango in München und für das Fünf Seenland, Tango à la carte« begann im Frühsommer 2013 mit einem Anruf von Veronika Osterauer, aus seinem Festival-Team, das im Umgang, wie sich bald zeigte, menschlich so natürlich, sympathisch und unprätentiös rüberkommt, daß man sich schon nach kurzem Zusammensein fühlt, als wäre man in einer WG-Küche eingeladen und das dennoch mit solcher Professionalität in nur wenigen Jahren ein so großartiges Festival auf die Beine gestellt hat.

Der Kino-Dampfer auf dem Starnberger See, Photo ©: Pavel Broz, Jörg Reuther, von der Homepage www.fsff.de

Finnischer Mittsommernachtstango am Starnberger See

Veronika fragte einfach, ob ich Interesse hätte, eine Filmpatenschaft für »Mittsommernachtstango« von der Regisseurin Viviane Blumenschein zu übernehmen, welcher auf dem FSFF 2013 erstmals gezeigt wurde. Da die finanzielle Seite maßvoll gehalten war (ein kleiner Beitrag für Filmtransport etc.), sagte ich gerne zu und freute mich über dieses Angebot, das andererseits auch Werbung für meine Tangoschule im Rahmen des Filmfests beinhaltete.

Mittsommernachtstango sah ich dann zum ersten Mal im Open-air-Kino direkt am Ufer des Starnberger Sees in einer lauen Sommernacht und bereute keine Filmsekunde die Übernahme dieser Patenschaft.

Es ist ein sehr berührender aber auch unglaublich amüsanter Film über das Zusammentreffen zweier Tango-Kulturen, ihrer immensen Unterschiede aber auch verblüffenden Gemeinsamkeiten, über das Zusammentreffen und die Begegnungen außergewöhnlicher Künstler-Persönlichkeiten auf beiden Seiten:

Drei Argentinier reisen nach Finnland, um dem Finnischen Tango und der Tangoleidenschaft der Finnen auf den Grund zu gehen. Die Finnen haben einen skurrilen Humor und redselig werden sie erst nach dem dritten Bier – und auch das nicht unbedingt. Sie vermeiden unnötigen Small Talk und lieben den Tango. Der berühmte finnische Filmregisseur Aki Kaurismäki, der selbst den szenischen Prolog zu diesem Film hält, bezeichnet den Tango als einzige Möglichkeit der kontaktscheuen Finnen, einander näherzukommen, das gewährleiste die Fortpflanzung. Er geht sogar so weit, zu behaupten, die Finnen hätten den Tango erfunden, wie selbstverständlich auch den Wiener Walzer. Und nur, weil die Finnen so gutmütig und bescheiden sind, dulden sie diesen Raub kultureller Urheberschaften … Der Tango soll also ursprünglich aus Finnland kommen? Diese Aussage ist charmant und zeugt von großer Leidenschaft, ist aber noch zu beweisen. Denn die drei argentinischen Tangueros können dieses Gerücht nicht auf sich sitzen lassen und begeben sich auf die Suche nach den Wurzeln dieser melancholischen *finnischen* Volksmusik. Ein sehr poetisches und humorvolles Roadmovie von großer Tiefe

Open-air-Kino am Starnberger See, Photo ©: Pavel Broz, Jörg Reuther, von der Homepage www.fsff.de

und enormem Gehalt. Auch der Sänger, Komponist, Entertainer, Radio-Moderator und Schriftsteller Mauri Antero Numminen spielt darin eine tragende Rolle mit seinem Bühnenpartner, dem Akkordeonspieler Pedro Hietanen.

Zum Hintergrund: Nachdem um 1913 der Tango nach Finnland gekommen war, wie auch ansonsten überall nach Europa, fühlten sich die Finnen durch diese Musik in ihrem Leid unter der russischen Herrschaft verstanden. Der Tango drückte aus, worüber zu sprechen unmöglich war. Auch im Winterkrieg 1939/40, während des Überfalls der UdSSR auf das inzwischen unabhängige Finnland, boten die Emotionalität, Melancholie und Leidenschaftlichkeit des Tango, den zu tanzen in dieser Zeit sogar verboten war, für die Bevölkerung ein Ventil. Dabei schufen die Finnen einen ganz eigenen Musikstil. Toivo Kärkis »Siks' oon mä suruinen (deshalb bin ich traurig; dt. Version: So traurig und allein)« leitete zur Zeit des Zweiten Weltkrieges die erste Hochblüte des finnischen Tango ein. Toivo Kärki (1915–1992), ursprünglich Jazzmusiker, verband die Sentimentalität russischer Romanzen mit dem Rhythmus deutscher Marschmusik. »Mittsommernachtstango«: Deutschland 2012, 82 Min., FSK ab 12 Jahren, Regie: Viviane Blumenschein

Tangofilmnächte und Tangobar/Milonga

Nach dem Festival trug Matthias Helwig den Vorschlag an mich heran, im Rahmen der Welt Kino Parties in seinen Breitwand-Kinos, einer Reihe, die themenbezogen Filme mit anschließenden (Tanz-)Festen verbindet, so etwas auch regelmäßig mit Tango in seinem Kino auf Schloß Seefeld zu veranstalten. Begeistert von dieser Idee, da wir diesen besonderen Ort lieben und dort fast ohnehin wöchentlich gegenüber des Kinos, auf der anderen Seite des Schloßhofes, im alten Sudhaus des Bräustüberls, Tango-Workshops geben sowie eine regelmäßige Tango-Unterrichtsgruppe anbieten, sagten wir sofort zu.

Hofeingang von Schloß Seefeld, Photo ©: Pavel Broz, Jörg Reuther, von der Homepage www.fsff.de

Tangofilme gab es schließlich bereits genug, um damit auch längerfristig eine ganze Reihe an Terminen ins Programm zu setzen. Und so vereinbarten wir, immer am letzten Freitag, im Zweimonatsrhythmus zu einer entsprechenden Veranstaltung zu laden. Wir begannen am 29. November 2013 gleich mit dem Festivalfilm Mittsommernachtstango, der somit ort- und zeitgleich mit unserer Tangoreihe seine Kino-Premiere fand.

Bis zum Erscheinen dieses Buches folgten noch fünf weitere solcher Tangofilm-Milongas im Seefelder Kino: »Tango Lesson«, Gb/Fr 2007, 101 Min., Regie: Sally Potter, Hauptdarsteller: Sally Potter und Pablo Veron; »Cafe de los Maestros«, Argentinien/USA/Brasilien 2008, 90 Min., Regie: Miguel Kohan; »Frühling im Herbst«, CH 2009, 91 Min., Regie: Petra Volpe, Darsteller: Suly Röthlisberger, Hanspeter Müller-Drossaart, Pablo Aguilar, Therese Affolter, Ursula Andermatt; »Tango Negro«, FR 2014, 93 Min., Regie: Dom Pedro und zuletzt, am Freitag, den 31. Oktober 2014, »Getanztes Verlangen« (Ad occhi chiusi) von Simonetta Rossi/Italien 2010.

Dabei gibt Matthias Helwig Tango-Liebhabern aus der Region um München nicht nur die Möglichkeit, mit der Zeit so ziemlich jeden Tangofilm, den es bisher gibt, neue wie auch ganz alte argentinische Produktionen (auf der Agenda stehen zum Beispiel noch Filme wie »Tango Mio« oder »El Tango es una Historia«), oder Dokumentationen, die normalerweise eher gar nicht in die Kinos kommen (beispielsweise »Tango Negro« oder »Getanztes Verlangen/Ad occhi chiusi«) dort dennoch zu sehen.

Darüber hinaus bietet er auf seinen Festivals ganz neuen Tangofilm-Produktionen ein Forum und den Filmemachern die Möglichkeit, diese Filme anschließend in die Kinos zu bringen und somit auch uns Tangueros, sie dort zu sehen.

Im letzten Jahr war es besagter »Mittsommernachtstango« von Viviane Blumenschein. In diesem Jahr, beim FSFF 2014, »Tango Negro«, ein weiterer Tangofilm, für den wir wieder eine Festival-Patenschaft übernommen hatten.

Tango Negro

Der angolanische Filmemacher Dom Pedro erforscht in diesem Film die afrikanischen Wurzeln und Ausdrucksformen des Tango, deren Beitrag zu dessen Entstehung und kulturellen Schöpfung. Demnach widerspiegelte der Tango in seiner frühen Form auch das soziale Leben der Sklaven, die nach Südamerika – einschließlich Argentinien und Uruguay – gebracht wurden, insbesondere aus dem ehemaligen Königreich Kongo. Der Autor und Regisseur Dom Pedro enthüllt dabei die Tiefe der afrikanischen Spuren in der Tango-Musik, in einer Verbindung von musikalischen Beispielen und Interviews von Tango-Aficionados und Historikern aus Latein-Amerika und Europa – mit dabei, der argentinische Pianist Juan Carlos Caceres (mit englischen Untertiteln).

Ralf Sartori

144

Tango im Kino

Schritte auf Marmorboden, Arme auf Schultern, Hände, die sich fassen, Führung und Hingabe – ich fragte mich, ob ich mich im richtigen Raum befand. Gerade eben war ich in Istanbul von der Haupteinkaufsstraße, der Istiklal Caddesi in eine kleine Passage abgebogen, um wie auch an den Vortagen einen Film im Rahmen des Istanbuler Filmfestivals zu sehen. Meine Gedanken waren noch in der Geschichte eines anderen Films verloren oder auch im Verarbeiten der Eindrücke, die ich in der letzten halben Stunde in den Gassen der Stadt, in einem kleinen Café und mit einem Blick über den Bo-

Matthias Helwig, Photo ©: Pavel Broz, Jörg Reuther, von der Homepage www.fsff.de

sporus gewonnen hatte. Fast automatisch hatten meine Schritte den Weg zum Kino »Beyoglu« gefunden, vorbei an ausgehängten Stoffen und ausgelegten Ringen und Schmuckstücken, vorbei an einem musikbeschallten Geschäft für Disketten und eine Treppe hinunter in das Foyer des Kinos. Doch statt auf den Film wartenden Cineasten dieser Anblick, diese Musik: Paare, die sich umfassen, von den Rhythmen lenken und leiten lassen, hin und her, biegen, sich drehen, je nachdem, wie die Klänge des Tango sie bestimmten.

Ich blieb stehen und schaute ihnen zu. Das Foyer war für einen Tanzabend vermietet worden, vielleicht immer an einem Mittwoch um diese Zeit. Ich blieb stehen, schaute ihnen zu und ließ mich von dieser Idee gefangennehmen. Tango im Kinofoyer. Als mein Film anfing – es war ein alter, nie gesehener von Harold Lloyd, in dem er eine Hausfassade emporstieg, immer weiter, gehindert von Tauben, von Seife, einem Netz, einer Uhr, die herauskippt und an der er sich emporhangelt, der Mensch an der Uhr –, war ich inspiriert und vernahm während des Stummfilms die Klänge von draußen nicht mehr.

Zuhause angekommen übernahm bald der Alltag wieder die Gedanken, die Post, die zu öffnen war, die Filme, die zu disponieren waren, oder die Mitarbeiter, die zu motivieren waren. Um diesem Funktionieren im Geschäft zu entrinnen, ging ich manchmal zum

Schwimmendes Festivalkino auf dem Starnberger See, Photo ©: Pavel Broz, Jörg Reuther, von der Homepage www.fsff.de

Tanzen, um mich in der Bewegung zu verlieren, mich der Musik hinzugeben und dadurch ganz anderen Empfindungen den Vortritt zu lassen. Wichtigen Gefühlen, lebenswichtigen Gefühlen.

Irgendwann setzten sich die Fäden dieser Erinnerungen und die eigenen Erlebnisse zusammen, gab es einen Anruf und ein zufälliges Erlebnis bekam seine Fortsetzung. Ein Kreis schloß sich. Warum nicht, so fragte ich mich, im eigenen Kino-Foyer im Schloß Seefeld Männer und Frauen zusammenfinden und zu den Rhythmen des Tango sich bewegen lassen? Schritte über Holzboden führen, Klänge aus Argentinien oder aus anderen Ländern hören, dazu Filme sehen, die ich vielleicht nie ausgewählt hätte, wehmütige Filme, Filme über den Tango, über seine Wurzeln und über seine Sehnsucht, und dann wieder diese Schritte über den Holzboden, die Arme, die Hände, die Körper, die Köpfe.

Übrigens habe ich den damals gesehenen Film von Harold Lloyd später bei einer Preisverleihung auf einem Dampfer auf dem Starnberger See auf großer Leinwand gezeigt und eine dreiköpfige Musikgruppe spielte dazu live die Musik ein, teilweise in den Rhythmen des Tango. In der schwarzen Nacht glitten dabei die Lichter des Starnberger Seeufers vorbei. Ein weiterer Kreis hatte sich geschlossen, ein weiterer Faden des Lebens war nicht alleine im Raum stehengeblieben. Ich war glücklich.

Matthias Hellwig
Leiter des Fünf Seen Filmfestivals und Kinobesitzer

Mein erster Tangofilm

Ich war gerade von zuhause ausgezogen, in meine erste eigene Wohnung. Ein neuer Job, alles sehr aufregend. Ich war 20 Jahre alt und endlos froh endlich auf meinen eigenen Beinen zu stehen. Daß meine Mutter vor einiger Zeit angefangen hat Tango zu tanzen, habe ich schon mitbekommen. Sie war früher eigentlich jedes Wochen-ende zu Hause. Plötzlich kam sie manchmal erst im Morgengrauen aus der Milonga zurück. Dann fing das mit den schwarzen Strumpfhosen, Rock mit Schlitz und ro-tem Lippenstift an. Alles gut, ich hab mich gefreut über ihr neues Hobby. Schließlich war ich auch mit meinem Leben und meinen Dingen beschäftigt. Erst, als sie mich und meinen Bruder aufs Sofa gesetzt hat, um uns mitzuteilen, sie ginge jetzt mal für ein Jahr nach Buenos Aires, da habe ich gemerkt, daß es ihr schon Ernst war mit dem Tango. Das war vor über zehn Jahren. Sie ist geblieben in Buenos Aires. In der

Hauptstadt von Argentinien, der Hochburg des Tango. Buenos Aires, eine Stadt am anderen Ende der Welt, eine Stadt, die mit Armut, ewiger Finanzkrise und politischer Unstabilität kämpft. Dafür hat sie ihre sichere und gut bezahlte Arbeitsstelle in der reichen und beschaulichen Schweiz aufgegeben. Alles für den Tango? Damals war sie 55 Jahre alt.

Mich hat Tango immer nur dann interessiert, wenn ich bei ihr in Buenos Aires auf Besuch war. Es war aber nicht unbedingt der Tanz oder die Musik selber, sondern das ganze Drumherum, das mich faszinierte. Die vielen kleinen Geschichten, die sich auf der und rund um die Tanzfläche abspielen. Dieser Tango hat nichts zu tun mit dramatischen Kostümen und akrobatischen Höchstleistungen.

Hier wird nicht für die Photoapparate der Touristen posiert. In der traditionellen argentinischen Milonga geht es einfach um Emotionen, um Leidenschaft, Körperkontakt und nicht zuletzt um Spaß. Und das auch noch im Hohen Alter. In der Milonga gibt es nicht so eine »Das macht man in diesem Alter doch nicht mehr« Mentalität wie man sie bei uns oft antrifft. Wer mit 76 eine transparente Bluse und einen Minirock anziehen will, soll das machen. Niemanden stört's. Es wird geflirtet und die Nacht durchgetanzt. Es gab mal eine Studie, die sagte, Tango hält jung. Das glaub ich sofort. Ich habe tatsächlich gesehen, wie ein über 80jähriger Mann mit Gehhilfe Richtung Tanzfläche humpelte, um dann mit seiner gleichaltri-

Milonga »Lo De Celia«, Buenos Aires

gen Partnerin den wunderschönsten Tango aufs Parkett zu legen. Sie waren große Tänzer zu den goldenen Zeiten des Tango, als die Orchester von Goyeneche und Gardel noch in den Milongas spielten, flüsterte mir meine Mutter ins Ohr. Jeder weiß hier sowieso alles über jeden, oder meint es zumindest zu wissen. In nur einem Abend in der fremden Welt erfuhr ich jeweils, wer neuerdings mit wem, und wessen Frau noch immer keine Ahnung hat, daß ihr Gatte nach der Arbeit jeweils ein oder zwei Stündchen Tango tanzen geht; die Tangoschuhe schön versteckt im Kofferraum seines Wagens. Über die Dame mit der transparenten Bluse wurde gemunkelt, sie sei »leicht zu haben«. Als der pensionierte Klempner Hector, ebenfalls leidenschaftlicher Tänzer, eines Tages von ihr nachhause gebeten wurde, um die Heizung zu reparieren, wähnte sich dieser schon im Glück, nur um festzustellen, daß besagtes leichtes Mädchen außerhalb der Milonga eine elegante hochgeschlossene Dame war, die im Salon gerne klassische Musik hört. Es ging tatsächlich nur um die Heizung.

Eine Milonga scheint eine Art neutraler Raum zu sein. Hier ist jeder gleich. Hier tanzen Diplomaten-Gattinnen mit ehemaligen Hafenarbeitern oder Staatsanwälte mit Putzfrauen. Es ist egal, wer man ist oder wo man herkommt, solange man gut tanzen kann. Die talentiertesten Tänzer und Tänzerinnen setzen sich kaum eine Minute hin, jeder will mit ihnen tanzen. Einige der traditionellen Milongas laden schon seit über 50 Jahren zum Tanz. Spannend sind auch die vielen kleinen Codes

und Benimmregeln. In der neuen, jungen Tango Szene werden diese Regeln weitgehend ignoriert. Aber in der traditionellen Milonga gelten sie nach wie vor. Turnschuhe oder Jeans sind hier nicht erlaubt. Wer zusammen als Pärchen kommt, tanzt meist den ganzen Abend nur zusammen. Die Tanzaufforderung geschieht nur über Blickkontakt, was bei fortschreitender Kurzsichtigkeit der Tänzer manchmal zu ungewollt komischen Situationen führen kann. Trotzdem, am Tisch die Tanzpartnerin aufzufordern gilt als verpönt. Es nimmt der Dame die Möglichkeit, die auffordernden Blicke bewußt zu ignorieren.

Ein bißchen scheint hier auch die Zeit stehengeblieben zu sein. Die Musik ist eigentlich immer gleich. Die Milongueros und Milongueras würden mir hier wahrscheinlich heftig widersprechen. Aber außer mal einem Stück von Piazzolla oder der erfolgreichen Elektro-Tango Gruppe »The Gotan Project« werden in der traditionellen Milonga grundsätzlich nur die Klassiker gespielt. »Wird das nie langweilig?« Auf diese Frage kriegst du hier nur ein mildes Lächeln und ein überzeugtes »niemals« zu hören. Es gibt keinen Tanz, der dem anderen gleicht, jedes Lied bekommt mit einem neuen Tanzpartner eine komplett neue Bedeutung, das sagt jedenfalls meine Mutter. Einer ihrer bevorzugten Tanzpartner, dem ich immer wieder in den Milongas begegnete, war Luis. Er war für mich immer die Verkörperung des Argentinischen Tangotänzers. Ein Macho und verschmitzter Charmeur, intelligent aber ungebildet. Ein Arbeiter, ein Mann von der Straße, und wohl so was wie ein Womanizer. Die Freundinnen scheint er fast so häufig zu wechseln wie die Tanzpartnerinnen. Er ist ein fantastischer Tänzer, sagt meine Mutter. Der Rest stört oder interessiert sie nicht. Sich komplett fallen und führen zu lassen, fällt vielen emanzipierten europäischen Frauen schwer. Es ist aber das A und O beim Tangotanzen und hat nichts mit Unterwürfigkeit zu tun. Tango ist Teamarbeit, wenn jeder sein eigenes Ding machen will, geht es nicht. Der Mann führt, die Frau folgt. Auf der Tanzfläche gilt die alte Rollenverteilung und macht hier auf einmal auch Sinn.

Während meine Mutter sich in Buenos Aires »die Nächte um die Ohren schlug«, wie ich ihr im Spaß oft vorwarf, machte ich dies und jenes. Ich studierte an der Zürcher Hochschule der Künste und der Universität der Künste in Berlin und hab so schließlich meine Leidenschaft für den Dokumentarfilm entdeckt. Nach der Mitarbeit an mehreren Film- und Fernsehproduktionen wollte ich unbedingt ein erstes eigenes Projekt umsetzen. Die Atmosphäre, die Menschen und die Geschichten in den Milongas in Buenos Aires haben mich nie ganz losgelassen und so entstand langsam die Idee meines Dokumentarkurzfilms MY FIRST TANGO.

Ich wollte einen Film machen über Menschen mit einer Leidenschaft. Ich wollte auch zeigen, daß Leidenschaft und Spaß keine Altersgrenze kennen. Dramatische

Klischee-Tangobilder haben mich nie interessiert, sondern ich wollte Menschen zeigen, für die Tango einfach Alltag und ein großer Teil ihres Lebens ist.

Wie für Luis, er sang schon als kleiner Junge leidenschaftlich gerne Tangos. Die Jungs aus der Nachbarschaft riefen immer schon von weitem, wenn sie ihn sahen: »Luis, Luis, sing uns einen Tango!« Sein größter Traum war es damals, ein berühmter Tangosänger zu werden. Mitte der fünfziger Jahre, damals zehn Jahre alt, verließ er die Schule und hielt sich daraufhin mit Gelegenheitsjobs über Wasser. Seine Leidenschaft für den Tango hat er jedoch nie aufgegeben. Mit der Zeit kamen auch die ersten professionellen Engagements als Sänger in einem Tango Club. Als seine beiden Töchter auf die Welt kamen, entschied er sich jedoch, daß er für sie da sein wollte, und gab sein Nachtleben auf. Er wollte kein Vater sein, der den ganzen Tag schläft und die ganze Nacht arbeitet. Die Ehe scheiterte trotzdem, seine Frau ließ sich scheiden. Er verlor die Kinder und sein Haus. Wieder schlug er

Luis Ludueña singt in seinem Haus einen Tango

sich mit Gelegenheitsjobs durch, lebte mal hier, mal da. Um seiner ältesten Tochter das Medizinstudium finanzieren zu können, gab er seinen letzten Peso und landete so auf der Straße. Als nach der Finanzkrise der Immobilenmarkt zusammenbrach, standen viele Häuser in Buenos Aires leer. Luis fand außerhalb des Stadtzentrums ein heruntergekommenes Haus und besetzte es. Er fing an, es langsam wieder in Stand zu setzen. Heute hat er dort eine Pension für Hunde und verdient als Dog-walker, in Buenos Aires »paseadores de perros« genannt, sein Geld. Immer wieder rettet er auch Hunde von der Straße. Fünf oder sechs Hunde und ebenso viele Katzen leben derzeit bei ihm. Er gibt sein letztes Geld für die Tiere. Doch der Tango ist und bleibt seine größte Leidenschaft. Heute hat er wieder einige Auftritte in kleinen Tango-Clubs und versucht, da anzuknüpfen, wo er vor langer Zeit aufgehört hat. Er hat sofort zugesagt auf die Frage, ob er sich vorstellen könnte, Teil meines Films zu werden. Bereitwillig und äußerst gastfreundlich hat er uns zu sich

Meine Mutter, Judith Chinea

nach Hause eingeladen. Zum Schluß der Dreharbeiten gab es natürlich ein Asado, ein typisch argentinisches Barbecue. Luis erzählte viel über sich und sein Leben, aber noch mehr und lieber über Politik und europäische Tango-Touristinnen. Was mich aber wirklich berührte und was schlußendlich auch im Film gelandet ist, war einfach nur er, wie er in der Küche seines heruntergekommenen Hauses einen Tango sang, für uns, für seine Hunde und für seine Katzen. Tango ist für Luis eine Flucht aus dem Alltag. Beim Singen und Tanzen vergißt er für einen Moment die harte Realität.

Lange vor den Dreharbeiten in Buenos Aires, als ich in Berlin gerade erst anfing, die Idee zu entwickeln, erzählte ich einem befreundeten Regisseur von meinem Vorhaben. Begeistert beschrieb ich die Atmosphäre in den Milongas und erzählte von Luis und Co. Er fragte mich nur, warum ich diesen Film denn machen wolle. Sollte es ein-

Mein erster Tango mit Eduardo Saucedo

fach noch eine unpersönliche Tango-Reportage werden oder gab es einen anderen Grund, warum ich dieses Thema gewählt habe? Was war mein persönlicher Zugang dazu? Ich glaube, der erste Reflex als Filmemacherin ist, sich selber rauszuhalten aus der Geschichte. Man sucht nach schönen Bildern und schillernden Persönlichkeiten. Doch warum wollte ich diesen Film wirklich machen? Tango war für mich natürlich unweigerlich mit meiner Mutter verbunden. Dadurch wurde er irgendwie auch ein Teil meines Lebens:

»Nein, ich bin keine Argentinierin, meine Mutter ist Puerto Ricanerin aus New York und mein Vater ist Schweizer. Sie lebt in Buenos Aires wegen des Tangos ...«

Ich weiß nicht, wie oft ich diese Fakten geraderücken mußte.

»Wegen des Tangos?«

Meist wurde daraus ein etwas längeres Gespräch.

Meine Mutter hat ihr Leben für den Tango radikal verändert. Der Auslöser dafür war aber eigentlich ein anderer. Nur wenige Monate nach ihrer ersten Tanzstunde rüttelte die Diagnose Brustkrebs unsere Familie auf. Ich war damals ungefähr 16 Jahre alt und komplett überfordert mit der Situation. Meine Mutter aber wußte, sie mußte etwas in ihrem Leben ändern, wenn sie wieder gesund werden wollte. Durch den Tango ist es ihr gelungen. Er gab ihr Halt und Hoffnung. Aber auch Selbstvertrauen und den Mut, ihre Sachen zu packen und nach Buenos Aires auszuwandern. Natürlich habe ich sie vermißt und es war auch nicht immer ganz einfach mit Anfang zwanzig auf sich alleine gestellt zu sein. Aber ich glaube, indem sie ging, hat sie mir das Wichtigste beigebracht, was eine Mutter ihrer Tochter beibringen kann. Alles ist möglich und du kannst alles tun und erreichen, wenn du nur willst. Und zwar du ganz alleine. Es ist ein schönes Gefühl, stolz zu sein auf seine Mutter. Das war mir immer wichtiger als der kindliche Egoismus, sie in der Nähe haben zu wollen.

Egal, wem ich diese Geschichte erzählte, ich konnte sehen, sie bewegt. Da war eine Frau im reifen Alter die ihren Traum lebt und dafür ein Risiko eingeht. Es sind ja meist diese kleinen, persönlichen Geschichten, die einen wirklich berühren. Alltagshelden, die uns zeigen, jeder hat sein Glück selbst in der Hand. Du kannst das auch! Ändere dein Leben! Tu es einfach! Ich hatte es von Anfang an akzeptiert und unterstützt, daß sie ihre Tango-Leidenschaft auslebt, aber ganz verstanden hatte ich es nie. Seit sie ausgewandert ist, war ich oft in Buenos Aires und habe gesehen, wie sie immer jünger aussah, wie sie immer glücklicher wurde, wie sie immer mehr zu sich selber fand. Das war früher anders. Doch was genau war es, was sie so verändert hat? Was ist so besonders an diesem Tanz?

Der Versuch, Tango zu verstehen und mit meinem Film zu porträtieren war im Grunde also ein Versuch, meine Mutter zu verstehen. Das war mein persönlicher Zugang zu dem Thema und das war die Geschichte, die ich eigentlich erzählen wollte. Ich würde eine Nacht lang mit meiner Mutter tanzengehen. Ich würde sie begleiten in ihre Lieblings-Milonga, »Lo De Celia's«. Immer mittwochs, von 18h bis ca. 24h, geht sie dort tanzen. Als ich in Buenos Aires war und mit ihr die ersten langen Gespräche führte, habe ich gemerkt, um wirklich zu verstehen, was sie mir erzählte, mußte ich mindestens einmal selber die Tanzschuhe anziehen. Also habe ich einen Tangolehrer gesucht, der mir, und damit auch dem Zuschauer, die ersten Schritte beibringen sollte. Eduardo Saucedo hat ein großes, helles Tanzstudio mit wunderbarem Tanzparkett, wenige Blocks von der Wohnung meiner Mutter entfernt. Ich habe eine private Lektion gebucht, sie bezahlt und Eduardo davon in Kenntnis gesetzt: »This is my first Tango«.

Eduardo lebt für und vom Tango. Er reist um die ganze Welt und gibt Tangolektionen. Für ihn ist Tango eine Philosophie, aber auch eine Kunstform. Es sei wie Malerei, mit deinen Füßen kreierst du ein Gemälde, hat er zu mir gesagt, nachdem ich mich über meinen ersten gelungenen Tango gefreut habe. Und ja, ich kann das verstehen. Es entsteht etwas, wenn man Tango tanzt, eine Energie, etwas Lebendiges. Eine Umarmung sei es, wurde mir auf die Frage, was denn das Besondere sei am Tango, meist geantwortet. Diesen Satz versteht man nicht wirklich, bevor man selber Tango getanzt hat. Man umarmt einen komplett fremden Menschen und geht komplett auf ihn ein. Und das für drei bis vier Minuten. Ich glaube, das ist eines der Geheimnisse des Tango. Sich auf den Tanzpartner wirklich einlassen zu müssen. Man kann nicht halbherzig Tango tanzen oder sich nur auf die Technik verlassen. Du mußt dich fallen lassen und deinem Gefühl vertrauen und ihm folgen.

Übrigens, denke ich, das hilft in allen Lebenslagen, besonders in jedem kreativen Prozeß. Also auch beim Filmemachen. Auch hier kann man sich nicht nur auf die Technik, auf aufwendige Spezial-Effekte und ein möglichst großes Produktionsbudget verlassen. Letzteres konnte mir sowieso nicht passieren. Mein Film war nämlich nicht einmal eine Low-Budget-Produktion, sondern eine No-Budget-Produktion. Ich war für jeden Freund, oder Freund von Freunden, der sich dazu bereit erklärte, an dem Projekt mitzuarbeiten, unendlich dankbar. Bei der Technik wurde viel improvisiert und mit dem gearbeitet, was da war.

Glücklicherweise habe ich viele talentierte Menschen in meinem Umfeld und das Ganze hat sich in ein wunderbares Familienprojekt gewandelt. Mein Bruder war für die zweite Kamera und den Schnitt zuständig. Mein Freund und sein Vater haben die Filmmusik komponiert und eingespielt. Aber schlußendlich, auch wenn technisch nicht alles perfekt war, und wir mit kleinen Mitteln arbeiteten, das wichtigste ist immer, daß die Message rüberkommt und die Emotionen transportiert werden.

Ich muß ja nun leider noch zugeben, daß es bei diesem ersten Versuch geblieben ist und ich nicht weitergemacht habe mit dem Tangotanzen. Aber was ich in Buenos Aires gelernt habe, war auch nicht, daß Tango die Lösung aller Probleme ist. Er ist vielmehr ein Ventil, eine Möglichkeit in unserer schnelllebigen Gesellschaft einen Moment abzuschalten, sich nur auf sich selber zu konzentrieren und seinen Gefühlen freien Lauf zu lassen. Auch wenn meine Mutter um die halbe Welt gereist ist, schlußendlich war es eine Reise zu sich selbst. Und dafür muß man auch mal ein Risiko eingehen und aus der Norm ausbrechen. Wie? Das muß jeder für sich selber rausfinden. Meine Mutter hat mir auch mal gesagt, der Tango findet dich, wenn du ihn brauchst. Momentan scheine ich genug andere Ventile zu haben. Aber der Tango und ich, wir haben uns ja jetzt mal kennengelernt und sind uns schon sehr sympathisch. Ich bin sicher, wir werden uns irgendwann wieder über den Weg laufen. Wir haben nur keine Eile, denn das Alter spielt beim Tango zum Glück ja keine Rolle.

Judith Schwyter

TANGO IN DER SOZIALTHERAPEUTISCHEN ARBEIT

Tango für Blinde?
Ein Tanz der Innerlichkeit

Blinden und sehbehinderten Menschen einen Zugang zum Tango Argentino zu eröffnen, entsprang zunächst der Idee, daß der Tango auch von sehenden Tänzerinnen oft mit geschlossenen Augen getanzt wird, um sich ungestört auf sich selbst, den Tanzpartner und dessen Führungsimpulse konzentrieren zu können.

Eine Alltagserfahrung, die vielen vertraut sein dürfte. Dem führenden Tanzpartner »blind« zu folgen und sich (in aktiver Präsenz) seiner Führung anzuvertrauen, ist in der Rolle der Folgenden ohnehin eine Selbstverständlichkeit. Tangueras können also – im Gegensatz zu den führungsverantwortlichen Tangueros – auf den Sehsinn problemlos verzichten. Die Frage ist nur, wie ist es für eine blinde Tanzanfängerin möglich, den Tango mit seinen zahlreichen Schritt- und Figurenkombinationen überhaupt erst zu erlernen? Wie bekommt eine blinde Frau annähernd eine bildhafte Vorstellung davon, wie eine Ocho, ein Boleo, ein Gancho etc. aussieht, wenn die übliche Form des Nachahmungslernens nicht zur Verfügung steht? Selbst wenn in der verbalen Anleitung versucht wird, über bildhafte Analogien, z.B. die Art des tangotypisch katzenhaftigen Gangs zu beschreiben, bleibt fraglich, wie unterschiedlich die inneren Bilder blindgeborener Frauen im Gegensatz zu Späterblindeten ausfallen, wenn es um die Vorstellung von »katzenartig« geht.

Spätestens hier wird deutlich, wie eng unsere Sprache an visuelle Bilder aus dem Bereich des Optischen rückgebunden ist und wie relativ selten wir auf haptische Lernerfahrungen zurückgreifen, um etwas im wahrsten Sinne des Wortes zu erfassen. Kleinen Kindern wird der spontane Impuls, die Dinge berühren zu wollen, um sie zu be-greifen, auch heute noch abtrainiert mit Sprüchen wie: »Nur schauen, nicht anfassen« oder schlichter: »Finger weg!«

Das Problem der Übertragbarkeit von inneren Bildern stellt sich natürlich gleichermaßen beim Erlernen der Männerrolle und noch schwieriger gestaltet sich die Frage, wie und ob sich ein blinder Tänzer auf einer belebten Tanzfläche räumlich so orientieren kann, daß der Tanzabstand zu anderen Paaren gewahrt bleibt und er sich gleichzeitig in der vorgeschriebenen Tanzrichtung – gegen den Uhrzeigersinn – bewegt, ohne permanente Zusammenstöße zu provozieren?

Die sozialpädagogisch motivierte Projektarbeit »Tango für Blinde« steckt derzeit noch in den Kinderschuhen und wirft einiges an Grundsatzfragen auf, die sich standardisierten Antworten ebenso entziehen, wie der Tango selbst gegen jedwede Standardisierungsversuche immun zu sein scheint.

Experimentierfreude und Improvisationsbereitschaft bilden, ob für Sehende oder Blinde, die tragenden Grundpfeiler dafür, sich auf das Betreten von Neuland einzulassen, um den Tango Schritt für Schritt zu erahnen, zu ertasten, zu verinnerlichen. Blinde Menschen sind ohnehin tagtäglich mit verschiedensten Herausforderungen konfrontiert, um ihren Alltag in einer Welt, die von Sehenden für Sehende organisiert ist, zu bewältigen.

Erste Erfahrungen im Tangounterricht mit blinden und sehbehinderten Menschen zeigen, daß sie mit sehenden Tangoanfängern nicht nur gut schritthalten können, sondern aufgrund ihrer erhöhten Kontaktbereitschaft und Konzentrationsfähigkeit über den entscheidenden Vorteil verfügen, das über den Hör- und Spürsinn Gelernte schneller zu verinnerlichen. Zum anderen wurde auch deutlich, daß die wichtigste Voraussetzung, den Tango tanzen zu lernen war, ist und bleibt, seine Musik zu lieben, um sich von ihr tragen und bewegen zu lassen.

Das Defizit blinder Menschen, Tanzhaltung, Schritte und Figuren nicht über das bloße Abschauen lernen zu können, wird beim Tango, als Tanz der Innerlichkeit, insofern zur Ressource, da eine Art »hörendes« Spüren und nicht der Sehsinn im Vordergrund steht. Feinste Führungsimpulse werden über diese »Leitung« vom Führenden gesendet, von der Folgenden empfangen und in der gemeinsamen Bewegung dialogisch kommuniziert. Es ist ein Genuß, Tangopaaren beim innig versunkenen Tanz zuzuschauen, aber was gibt es für die Tanzenden selber schon zu sehen? Ihre Beine laufen »wie von selbst«, scheinbar unabgesprochen, mal synchron, mal asynchron, aber immer wundersam harmonierend.

Dagegen ist bei sehenden Tanzanfängern zu beobachten, daß sie immer wieder nach unten auf die Beine schauen, im Glauben, Fußstellung, Schritte und Bewegungen mit den Augen kontrollieren zu müssen, wo es gerade darum ginge, die kognitiv-visuelle Kontrolle aufzugeben und darauf zu vertrauen, daß die Beine selber »wissen« und lernen, wie sie zu laufen haben. Blinde dagegen sind gar nicht erst verführt, sich aus der Ganzheitlichkeit der eigenen Körperwahrnehmung und des Bewegungszusammenhangs mit der Partnerin herauszuziehen.

Tango ist ein nonverbales Gespräch, bei dem beide Tanzenden körpersprachlich aufeinander »hören« müssen, um sich verstehen und aufeinander reagieren zu können. Meist gehen uns die Ohren erst dann richtig auf, wenn wir die Augen schließen, um innerlich ruhig und damit *lauschbereit* zu werden. Mit Begriffen wie Geschehenlassen, »Lauschbereitschaft« und »antenniges Verhalten«, beschrieb der Reformpädagoge und Musiker Heinrich Jacoby Qualitäten sinnlicher Wahrnehmung und Erfahrung, die durch »unzweckmäßigen Aufwand«, »Verhaltensroutinen« beeinträchtigt werden können. Diese Automatismen bezeichnet er als »Verhalten auf Vorrat«, als ein zu viel an »Machen-Wollen«, wo es eher darum ginge, die Dinge ihrem inneren Rhythmus gemäß geschehen zu lassen. Vor allem in Zuständen von Angst, Unsicherheit, Beunruhigung etc. gehe die notwendige Kontaktbereitschaft als vertrauende Grundhaltung verloren und zeige sich, so Jacoby, in einer »Störung der Unbefangenheit«.

In seinem Hauptwerk »Jenseits von begabt und unbegabt« geht es Jacoby darum aufzuzeigen, daß improvisierendes, kontaktbereites Verhalten keine besonderen Fähigkeiten oder isolierte Sonderbegabungen sind, sondern universaler, alltagsrelevanter Bestandteil jeder menschlichen Ausdrucksfähigkeit. Mehr noch, schöpferisches Gestalten entspricht unserem Grundbedürfnis nach Lebendigkeit, Reifung und Entfaltung.

Daß bei blinden und sehbehinderten Menschen der Hör- und Spürsinn sensibler ausgeprägt ist, da ganz generell besonders entwickelte Kompetenzen eine natürliche Folge des Benutztwerdens sind, bringt Jacoby auf die Kurzformel: »Entfaltung durch Gebrauch«!

Um kontaktbereit und präsent zu sein, bedarf es jedoch auch einer inneren Ruhe, Gelassenheit und vertrauenden Grundhaltung, die der Tango nicht nur fordert, sondern auch fördert.

Sehende tendieren eher dazu, ersteren Mangel über das Visuelle zu kompensieren. Nicht von ungefähr reizen medial inszenierte Bilderfluten vornehmlich das Auge, den schnellen Blick, der meist nur über die Oberfläche der Dinge schweift. Dabei werden visuelle Scheinrealitäten erzeugt, die tendenziell mehr verbergen, als sie offenbaren.

In seinen Buch »Nada Brama – die Welt ist Klang« verweist der Jazzbuchautor Joachim Ernst Behrendt darauf, daß das Ohr seit alters her als »Tor zur Seele« gilt (2012, S. 226) und vergleicht die Wahrnehmungsqualität des modernen »Augenmenschen« mit der tieferen und genaueren Wahrnehmung über das Ohr.

Auch dem französischen Philosophen und Literaturprofessor Jaques Lusseyran (1924–1971) zufolge ist der moderne Mensch vorwiegend ein Augenmensch:

>*»Unsere Augen gehen über die Oberfläche der Dinge. Sie bedürfen nur einiger verstreuter Punkte, und blitzartig füllen sie die Zwischenräume. Sie erahnen viel mehr, als sie sehen, und niemals, oder fast niemals, prüfen sie die Dinge. Sie geben sich mit den Erscheinungen zufrieden, und in diesen gleitet die Welt schimmernd dahin und verbirgt ihren wesentlichen Inhalt.«* (2012, S. 227)

Bei einem Schulunfall erblindete Lusseyran im Alter von acht Jahren, seine Brille durchbohrte beide Augen, als er gegen die Kante des Lehrerpults fiel. Seine Erinnerung beschreibt er folgendermaßen:

>*»Mit acht Jahren hatte ich das Gefühl, neu geboren worden zu sein. Da ich es war, der das Licht hervorbrachte, da es mir nicht von außen zuströmte, konnte es mich also niemals mehr verlassen. Ich hatte das Licht in mir, obwohl ich dafür nur ein Durchgangsort, ein Vorhof war; ich hatte das sehende Auge in mir. Dennoch gab es Zeiten, in denen das Licht nachließ, ja fast verschwand. Das war immer dann der Fall, wenn ich Angst hatte.«*

Angst kann nicht nur »lähmen«, sondern auch »blind« machen. So betrachtet kann ein angstgeleiteter Sehender »blinder« agieren und durchs Leben stolpern, als ein gelassener Blinder, der gelernt hat, sich anmutig und feinsinnig durch die Welt zu bewegen. Demnach scheinen diverse Behinderungen und Handycaps mehr eine relative als eine absolute Bedeutung für die subjektive Lebensqualität zu haben.

> *»Wenn ich, anstatt mich von Vertrauen tragen zu lassen und mich durch die Dinge hindurch zu stürzen, zögerte, prüfte, wenn ich an die Wand dachte, an die halb geöffnete Türe, den Schlüssel im Schloß, wenn ich mir sagte, daß alle Dinge feindlich waren und mich stoßen oder kratzen wollten, dann stieß oder verletzte ich mich bestimmt. Die einzige Art, mich im Haus, im Garten oder am Strand leicht fortzubewegen, war, gar nicht oder möglichst wenig daran zu denken. Dann wurde ich geführt, dann ging ich meinen Weg, vorbei an allen Hindernissen, so sicher, wie man es den Fledermäusen nachsagt. Was der Verlust meiner Augen nicht hatte bewirken können, bewirkte die Angst: Sie machte mich blind.«*

Als neunzehnjähriger gründete Lusseyran innerhalb der Résistance die Widerstandsgruppe »Défense de la France« in der sich über 600 Jugendliche gegen die deutsche Besatzung organisierten. Viele wurden verhaftet und hingerichtet. Der blinde Lusseyran überlebte 330 Tage Gefangenschaft im Konzentrationslager Buchenwald. Nach dem Krieg reflektiert er in einigen Büchern über diese sehr unterschiedlichen Lebensstationen und darüber, wie er als »sehender« Blinder – trotz allem – eine Fülle an Leben, Licht und Freude erlebte.

> *»Die Freude kommt nicht von außen; sie ist in uns, was immer uns geschieht. Das Licht kommt nicht von außen, es ist in uns, selbst wenn wir keine Augen haben.«*

»Vertrauen und Geschehenlassen sind, im Gegensatz zu einer Haltung, die auf aktionistischem Machen und Kontrollieren beruht, wichtige Zentralkategorien des Tangotanzens. Beim Improvisieren z. B. muß der Mann nicht nur darauf vertrauen, daß ihm tänzerisch etwas einfällt, oder besser gesagt »zufällt«, denn ein anspruchsvoller Tänzer *denkt* seine Schritte nicht im Voraus, sondern er läßt sie sich idealerweise »zuwachsen«. Er vertraut auch darin, daß seine Partnerin die nonverbalen »Tanzvorschläge«, also seine Führungsimpulse, entsprechend aufnimmt und auf ihre Weise tänzerisch erwidert, was ihn wiederum zu weiteren Ideen inspiriert. Dieses getanzte Gespräch kann, wie jedes verbale Gespräch auch, ein gegenseitiger Austausch sein, eine (mehr oder weniger) anregende Unterhaltung; eine interessante oder profane Erzählung, egozentrischer Monolog, tröger Small Talk, plumpe Anmache, Gedicht, Gebet, Höhenflug …

Blinde Menschen sind in ihrem Alltag auf ein genaueres und differenzierteres Hören unterschiedlicher Klangqualitäten von Stimmen, Geräuschen und Stille angewiesen, als Sehende, weshalb die innengeleiteten Sinne des Hörens und Spürens besser geschult und differenzierter ausgeprägt sind. Sehende Tangoanfänger müssen sich diese Wahrnehmungsqualitäten oft erst mühsam erarbeiten, weshalb das Tanzen mit geschlossenen / verbundenen Augen eine so ungewohnte wie interessante Differenz-Erfahrung sein kann. Wenn der Sehsinn und damit visuelles Nachahmungslernen ausgeschaltet sind, wird der Fokus vermehrt auf die Sensibilisierung von Körperwahrnehmung, Tast-, Hör- und Spürsinn gelenkt.

Der Unterricht in Kleingruppen ist Voraussetzung, um in intensiver Einzelbetreuung Körper- und Tanzhaltung sowie Bewegungsabläufe verbal anzuleiten, als auch im direkten Körperkontakt über Handführung zu vermitteln.

Anhand von Einzel- und Paarübungen bekommen die TeilnehmerInnen eine Art »Checkliste« zur Tangohaltung und Eigenstrukturierung an die Hand, die es ihnen ermöglicht, sich diese Grundlagen auch außerhalb der Kurse allein zu erarbeiten. Durch wiederholtes Üben und vor allem durch möglichst viel Tanzpraxis verbessert sich zunehmend die Qualität der Verbundenheit mit dem eigenen Körper, dessen Wahrnehmung und Ausrichtung, Haltung und Muskeltonus, Gleichgewichtssinn, allgemeine Bewegungskontrolle, körperliche Koordination und die Sicherheit in der räumlichen Orientierung. Daraus erwächst mehr Selbstvertrauen und Gewandtheit im Kontakt und Umgang mit anderen sowie die innere Sicherheit, dem Gegenüber vertrauen zu können. Dies sind die positiven »Nebeneffekte« des Tangotanzens, die nicht nur blinden Menschen zugutekommen.

An dieser Stelle sei ausdrücklich Susanne Langer aus Berlin gedankt, die uns mit ihren Erfahrungen im Tangounterricht für Blinde und Sehbehinderte den Einstieg in diese Arbeit sehr erleichtert hat.

2013 starteten wir erste Tango-Workshops für Blinde und Sehbehinderte im Heim für blinde Frauen in München / Nymphenburg sowie in den Räumen des Bayerischen Blinden- und Sehbehindertenbund e. V. (BBSB).

Martina Schrötter, Ralf Sartori

SPÜREN STATT SEHEN –
DENN MAN SIEHT NUR MIT DEM HERZEN GUT

Tangotanzen für Sehende und Sehbehinderte
auf Augenhöhe

Zum Tangotanzen sind nur wenige entscheidende Informationen nötig: »Charlie, ich brauche einige Koordinaten hier«, raunt der blinde Al Pacino im Film »Der Duft der Frauen« seinem Begleiter zu. »Der Tanzboden ist sechs mal acht Meter groß und Sie sind am langen Ende. Es stehen Tische am Rand und die Band spielt auf der rechten Seite.« Das reicht, um die junge Donna mit Tangotanzen zu verzaubern. Wenn Hollywood das kann, dann probieren wir es auch.

Die Teilnehmer des Workshops »TangoBlindDate« hatten auf dem roten Sofa am Ende des Raumes Platz genommen. Mobilitätstrainerin Michaela Schwarz hatte einige von der U-Bahn-Haltestelle abgeholt und umsichtig durch das Treppenhaus geleitet. Die sehenden Teilnehmer erhielten schon am Eingang eine Augenbinde. So waren die Startbedingungen in dem unbekannten Raum für alle Teilnehmer gleich. Michaela Schwarz macht die Gruppe mit dem Raum vertraut: fünf mal 15 Meter, wir betreten den Raum durch die kurze Seite mit der Theke, auf der einen Längsseite eine Fensterwand, gegenüber die Spiegelwand, an der gegenüberliegenden kurzen Seite stehen die Sofas. Die sehenden Teilnehmer unter der Augenbinde tasten sich vorsichtig durch den Raum und lassen sich erleichtert in die Sofakissen fallen. Endlich in Sicherheit! Der Blindenhund hat es sich an der Theke bequem gemacht. Möchte er etwas Wasser zur Erfrischung? Nein, Trinken kommt nicht in Frage, er ist im Dienst, lehnt die Besitzerin kategorisch ab. »Warum steht der Hund denn jetzt auf?«, fragt sie irritiert vom anderen Ende des Raumes. Ich sehe mich um: Tatsächlich, er hatte sich einen halben Meter von seinem Platz fortbewegt und überwachte still das neue Terrain. »Alles ok«, versuche ich zu beruhigen. »Er ist noch genau hier am Eingang.« Doch blitzschnell kommt sie durch den unbekannten Raum geeilt, um ihren Hund zur Ordnung zu rufen und exakt auf denselben Platz zu positionieren, auf dem sie ihn verlassen hat. In dem Moment wird mir klar, daß Nicht-Sehen erstaunliche Talente zustande bringt.

Ob jemand gehandicapt ist oder nicht, hängt von den Umständen ab. Bei einem Tauchgang von gehörlosen und hörenden Jugendlichen fühlten sich die hörenden plötzlich sehr eingeschränkt, während die nicht-hörenden Altersgenossen ihre fröhliche Unterhaltung auch unter Wasser nahtlos weiterführen konnten.

Beim Tangotanzen sind ähnlich diejenigen, die nicht sehen, im Vorteil gegenüber den Sehenden: Sie beherrschen die Konzentration auf die eigene Körperwahrnehmung, die Navigation durch den Raum ohne toten Winkel und die Kunst der ungeteilten Aufmerksamkeit für den Partner. Die optische Informationsflut lenkt uns Sehende oft vom Wesentlichen ab. Aus der Idee, gegenseitig voneinander zu lernen, entstand TangoBlindDate.

Tango ist eine Übung in gegenseitiger Achtsamkeit: Wo steht der Partner? Wann ist er zum nächsten Schritt bereit? Welche Richtung ist gewünscht? Wie interpretieren beide den Rhythmus? Der Dialog im Paar vermittelt den nächsten Schritt: *Eleganz des Schritts. Vorschlag:* Die Musik sorgt für das Timing, der Führende entscheidet über die Richtung, und die Folgende prägt die Eleganz des Schrittes.

TangoBlindDate ist ein Unterrichtskonzept, welches das Spüren in den Mittelpunkt stellt. Sehende Tänzer tanzen mit einer Augenbinde, um so die Konzentration auf die anderen Sinne zu lenken. Blinde und sehbehinderte Tänzer nutzen ihre geschulte Körperwahrnehmung und erfahren Spaß und Sicherheit im Tanz.

Gemeinsam mit der Mobilitätstrainerin Michaela Schwarz und meinem Tanzpartner Harald Diesner haben wir diesen Tangokurs für Blinde, Sehbehinderte und Sehende entwickelt und erprobt:

Zunächst müssen die größten Gefahrenquellen im Raum entschärft werden: Hervorstehende Ecken wie Heizungen sind abgepolstert, die Gläser an der Theke sind verschwunden, und an den Rändern liegen Yogamatten.

Das Schwierigste für mich war anfangs, die richtigen Worte zu finden, weil unsere Sprache das Verb »sehen« oft als Metapher für »bemerken« benutzt. Die Mobilitätstrainerin hat mich aber beruhigt. Hier ist das Ringen um politisch-korrekte Sprache nutzlos. Wenn sich ein Blinder in ihrem Training unvorsichtig verhält und sich z.B. plötzlich die Bewegungsrichtung ändert, ohne auf die Umgebung zu achten, dann sagt sie »Na, da hast du aber nicht geguckt ...«

Ich war außerdem unsicher, was als Hilfe und was als Bevormundung ausgelegt werden könnte. »Tatsächlich ist dies ein heikler Punkt«, bestätigt Michaela Schwarz. »Viele Sehende neigen in bester Absicht dazu, Blinde durch direkten Kontakt in die gewünschte Richtung zu ziehen oder zu schieben. Doch wie für alle anderen Menschen ist dies eher unangenehm. Hilfreicher ist es, wenn ich in Worten beschreibe, was ich anbiete und worauf zu achten ist. Beispielsweise erläutere ich in einem engen Treppenhaus, daß nach zehn Stufen ein Absatz folgt und sich dann die Richtung ändert. Ich biete auch eher einen Kontakt am Arm an, als daß ich selber die blinde

Person anfasse. Es soll ihre Entscheidung sein, ob sie das Kontaktangebot annimmt oder nicht. Michaela Schwarz sagt daher eher Sätze wie: »Wollen Sie meinen Arm?« Oder: »Ich würde Ihnen jetzt gern die Hand geben« oder »Bitte melden Sie sich, wenn Sie einen Wunsch haben.«

Eigentlich genau wie beim Tanzen. Viele Folgende finden es unangenehm, wenn die Führenden ziehen oder schieben. Schöner ist eine Einladung, die man gern annehmen will.

Wie nehmen Menschen die Welt wahr, wenn sie sie hören, fühlen, schmecken und tasten? Die Frage läßt sich leicht im Selbstversuch beantworten: Wer mit geschlossenen Augen durch einen leeren Raum tanzt, stellt fest, daß er sich nach ersten Unsicherheiten erstaunlich gut zurechtfindet. Ein Gespür für die Grenzen des Raumes und die Ausrichtung entsteht, indem wir den Raum begehen, weniger indem wir ihn sehen.

Harald, der seit 2001 unterrichtet, konnte sich zunächst nicht so recht vorstellen, wie es sich anfühlt, blind zu tanzen. Als Führender ist er bisher wenig in den Genuß der Folgenden gekommen, die beim Tanzen oft die Augen schließen, um sich besser in die Führ-Impulse einzufühlen. Daher hat er sich in der ersten Kurseinheit ebenfalls unter die Augenbinde begeben. »Die Yogamatten waren mir eine gute Leitplanke. Aber manchmal wußte ich plötzlich nicht mehr, wo ich genau war und konnte auch nicht mehr geradeaus gehen. Das hat mich viel Respekt gelehrt für Talente, die Blinde entwickeln, um die mangelnde Sehfähigkeit zu kompensieren«, erinnert sich Harald.

Doch nicht nur die Orientierung ist ungewohnt, sondern auch die Art des Unterrichtens.

Wir sind es gewöhnt, neue Bewegungen durch Nachahmen zu lernen. Sicher werden im Tango-Unterricht einzelne Bewegungsabläufe neben der Demonstration immer auch erläutert. Aber der Hauptkanal war immer das Tun nach visueller Demonstration. »Und plötzlich spielen die Tanzfertigkeiten des Lehrers überhaupt keine Rolle mehr, lediglich seine Art der effektiven Vermittlung ist gefragt – und das beim Tango, bei dem Sehen und Gesehenwerden ja (fast) alles ist!«, beschreibt Harald. »Erst da habe ich gemerkt, wie viele Kleinigkeiten oft vergessen werden.«

Die Stunden begannen mit einzelnen Übungen zum Warmwerden und zur Körperwahrnehmung, genauso, wie wir es mit sehenden Tangoschülern machen. Nur die Instruktionen müssen sprachlich präziser und vielleicht auch umfangreicher sein. Die Geometrie der Schritte haben wir einzeln mit den Führenden und den Folgenden durch Ansagen geübt. Anschließend begann die Forschungsphase mit dem Partner: Wie mache ich dieselben Schritte mit dem nicht unbeträchtlichen Hindernis eines Partners im Arm, der mir hilft, über die eigenen Füße zu stolpern? Oft ergab sich die Oberkörperführung fast von allein nach einigen Versuchen, sich gegenseitig aus dem Gleichgewicht zu bringen. In anderen Fällen haben wir als Lehrende den Bewegungsablauf jedem Teilnehmer einzeln »in die Hand und in die Füße getanzt«, sagt Harald. »Oder wir haben den Oberkörper während der Bewegung im Paar über den Rücken des Führenden mitgeführt. In anderen Fällen wollten die blinden Führenden meine Beinbewegungen gern mit den Händen abtasten. Oder die Damen wollten das Kreuz für die Folgenden ebenfalls ertasten, um die richtige Fußposition zu *sehen*«, ergänzt er.

Manchmal war ich auch einfach ratlos. So gelang es mir beispielsweise nicht, zu vermitteln, was ich mit »Abdrücken vom Boden« meinte. Ich versuchte alle möglichen inneren Bilder, wie die Vorbereitung zu einem Sprung über einen kleinen Abgrund, aber das Ergebnis führte nicht zum Ziel. Ich mußte diesen Punkt dann zunächst auslassen, bis er sich schließlich in anderen Übungen löste.

Andererseits gab es manchmal Kombinationen, die problemlos getanzt wurden, obwohl ich zuvor große Schwierigkeiten befürchtet hatte. Beim *Sandwich* wußte ich nicht, wie ich erklären sollte, daß der Führende den Fuß elegant direkt neben den Fuß der Folgenden stellt. Woran soll er sich orientieren? Doch vom ersten Anlauf an standen die beiden Füße perfekt.

Irgendwann kam mir der Verdacht, daß vieles, was für uns Sehende schwierig ist, deshalb kompliziert ist, weil wir die Bewegung vom Sehen her denken und nicht von der haptischen Wahrnehmung.

Einige Dinge sind für Unterrichtende unerwartet leichter. Wenn Lernende nicht sehen, konzentrieren sie sich erfreulicherweise auf alles andere. »Es war sehr ungewohnt, daß mir tatsächlich alle aufmerksam zuhörten«, erinnert sich Harald. »Im sonstigen Unterricht ist die Hälfte der Teilnehmer damit beschäftigt, sich im Spiegel zu bewundern, mit dem Partner zu flirten oder die Blicke durch die Gruppe schweifen zu lassen. Von meinem Unterricht bekommen sie dann oft nur einen Bruchteil mit.« Jetzt war die Atmosphäre sehr viel konzentrierter und aufmerksamer. Die Teilnehmer – egal ob blind oder unter der Augenbinde – sind auch in Pausen aufmerksam. Wenn nichts getan werden muß, dann tun sie auch nichts! Doch was wir im Unterricht vorschlagen, wird dann auch viel achtsamer probiert und erforscht. Die Lernenden berücksichtigen viel stärker die Feinheiten: Drehe ich zuerst den Oberkörper und mache dann den Schritt oder umgekehrt? Wenn die oberste Instanz das Fühlen ist, dann versuche ich von Anfang an, mich so zu bewegen, daß es sich für mich und die Partnerin gut anfühlt. Tut es das nicht, dann variiere ich die Bewegung so oft, bis sie rund ist.

»Die Paare standen viel aufrechter, als ich das aus meinen bisherigen Anfängerstunden gewohnt war«, erinnert sich Harald. »In der Regel suchen die Männer immer auf dem Boden nach den Füßen der Frauen. Wenn es aber auf dem Boden nichts zu sehen gibt, dann kann man auch von Anfang an mehr auf den Kontakt im Oberkörper achten, und die Kommunikation im Paar funktioniert viel leichter.«

Nicht nur das Lernen, auch das Lehren von Tanzbewegungen ist oft leichter, wenn ich die Augen schließe. Manchmal konnte ich sehen, daß die Tänzer all meine Hinweise befolgten und trotzdem funktionierte der Schritt einfach nicht. Ich habe dann selbst mit geschlossenen Augen mich führen lassen oder geführt, um zu erforschen, welche Nuance der filigranen Bewegungskoordination noch nicht ausreichend beachtet wurde. Daraus entwickelte sich immer eine forschende Herangehensweise an das Lernen, die ich so intensiv in Tangostunden mit Sehenden nicht erlebt hatte.

»Mich hat beim TangoBlindDate vor allem fasziniert, daß die soziale Orientierung noch viel schwieriger ist als die räumliche«, faßt Reemt Abelbeck, sehender Teilnehmer des Kurses, zusammen. »Ich bin nicht gewöhnt, Menschen an Stimmen auseinanderzuhalten. Wie gehe ich auf einen Partner zu? Woran erkenne ich seine Stimmung, seine Ausstrahlung, seine Größe, seine Tanzerfahrung?

All diese Aspekte müssen anders ausgehandelt werden als bei Sehenden. Und das ist viel schwieriger als die räumliche Orientierung. Beim TangoBlindDate können nicht einfach die Partner getauscht werden, indem alle Folgenden einen Partner weitergehen. Im Zweifel würde man den neuen Partner gar nicht finden. Und wenn man ihm gegenübersteht, kann ich nicht mit einem Blick Kontakt aufnehmen und Vertrauen aufbauen. Wir haben daher erst getauscht, als wir uns aus mehreren Stunden so gut kannten, daß wir genug Sicherheit hatten für solche Experimente.

Nach den Unterrichtserläuterungen kann ich auch nicht einfach die Musik anmachen und sagen: »Tanzt los.« Zunächst wurden wieder alle Paare optimal auf die Ronda – den Kreis der Tanzrichtung – verteilt. Allerdings lief der gemeinsame Tanzfluß dann oft harmonischer, weil jeder auf jeden geachtet hat.

Cindy und Daniel haben als Sehende bereits viele Tangokombinationen in etlichen Kursen gelernt: »Ich war zuerst unter der Augenbinde sehr vorsichtig mit den Rückwärtsschritten«, gesteht Cindy. »Doch das bewußte Tangogehen, indem ich erst nur das Bein vorschicke, gab mir immer mehr Sicherheit … und die Tatsache, daß es in den vielen Stunden so gut wie nie Zusammenstöße gegeben hat.« Daniel fügt hinzu: »Mit der Augenbinde tanze ich vielleicht weniger Figuren, aber das, was ich tanze, macht mehr Spaß.«

Einige Teilnehmer – wie Ugne Metzner – sind erst als Erwachsene erblindet. Es hat gedauert, bis sie sich mit den neuen Umständen arrangieren konnte. Ugne tanzt seit einigen Jahren Standard, Latein und Swing. Sie will damit sich und den anderen auch zeigen, daß man als Blinde noch immer viel unternehmen kann. »Beim Tanzen können wir viel voneinander lernen und dadurch Vorurteile und Barrieren im Kontakt zwischen Sehenden und Nicht-Sehenden abbauen. Ich war neugierig darauf, einen Kurs zu machen, in dem Sehende sich freiwillig den Umständen aussetzen, mit denen ich immer zu tun habe. Wenn wir als Blinde etwas Neues lernen, fühlen wir uns unter Sehenden oft doppelt beobachtet. In diesem Kurs war es ganz entspannt, weil alle dieselben Bedingungen hatten. Die Anleitungen waren so ruhig und klar, daß ich vieles ausprobieren konnte«, berichtet Ugne. »Außerdem spricht der Tango die Sinne stärker an. Daher war der Kurs ein interessantes Experiment. In Zukunft möchte ich aber lieber mit einem sehenden Partner tanzen, der dafür sorgt, daß wir nicht anstoßen, wenn wir zusammen ausgehen. Während des Tanzens bin ich sehr vertieft in meine innere Welt, den Dialog mit dem Partner und mit meinem Ausdruck. Wenn ich dann anstoße, reißt mich das komplett aus allem heraus«, berichtet sie und fügt hinzu: »Ich bin keine Tanzanfängerin. Wenn ich tanzen gehe, dann will ich auch gesehen werden.« Sie erklärt auch, was für sie als Blinde hilfreich ist, wenn sie einen neuen Schritt lernt. »Am liebsten mache ich ein ganz normales Tanztraining mit. Ich brauche nur manchmal mehr zusätzliche Beschreibungen. Bei komplexen Bewegungen will ich auch mal anfassen dürfen, um so zu verstehen, wohin sich ein Bein oder ein Fuß bewegt. So machen wir das jedenfalls beim Steptanzen.«

Peter tanzt ebenfalls seit drei Jahren im Blindensport Standard und Steptanz. Zusammen mit seiner ebenfalls blinden Tanzpartnerin Dania wollte er nun auch Tango probieren. »Der Tango hat mir gezeigt, daß es wirklich auf die Führung ankommt. Es war spannend zu erleben, wie ich als Mann die Richtung angebe und dabei gleichzeitig viel Weichheit im Tanzen entsteht.«

Führungswechsel: Von der Kunst des Folgens

Thomas Abel, blinder Psychotherapeut, ist zusammen mit seiner sehenden Tanzpartnerin auf dem Tandem-Fahrrad zum Kurs gekommen. Beide sind ein eingespieltes Team, in dem jeder dem anderen vertraut. Sie übernimmt die visuelle Führung bei den vielen Ausflügen und Reisen durch die Welt. Im Tangounterricht kann sie diese Führung endlich abgeben. Doch das ist leichter gesagt als getan. »Unter der Augenbinde ist meine sehende Partnerin viel besser in der Lage, sich auf meine Führung im Tanzen zu konzentrieren«, beobachtet Thomas. »Das haben wir auch oft bei unseren Freunden gesehen. Wenn wir in geselliger Runde unsere neuen Tanzkünste vorgeführt haben, dann haben wir im Anschluß Augenbinden verteilt und die Gäste haben ebenfalls ein paar Schritte gewagt. Sie waren immer fasziniert, wie deutlich sie spüren, wenn sie nicht sehen.«

Darf ich bitten?

Die Idee, daß Blinde und Sehende gemeinsam und voneinander lernen, gefiel auch den Organisatoren eines Sommerfests im Berliner Bezirksamt Tempelhof-Schöneberg. Sie luden ein, den Spätsommer bei Tanz, Musik und einem Cappucino oder Rotwein ausklingen zu lassen. Ab 16 Uhr war der Tanzteppich ausgerollt; zunächst für eine Handvoll Paare der inzwischen vielen hundert Berliner Tangotänzer, die zeigten, daß jeder Tango tanzen lernen kann. Alles, was man braucht, ist die Lust an der Bewegung und einen Schuß Experimentierfreude. Das konnten die Schaulustigen gleich in der anschließenden Schnupperstunde ausprobieren. Mehr als 20 Paare drehten sich dann nach den präzisen und humorvollen Anleitungen von Michael Sacher aus der Schöneberger Tangoschule »Mala Junta« über die Tanzfläche. Viele davon zum ersten

Mal. Daß Tango ein Tanz mit allen Sinnen ist – das merken die frischgebackenen Tänzer spätestens im anschließenden TangoBlindDate für Sehende und sehbehinderte Tänzer, als sie unter einer Flugzeugbrille einfache Schritte und Drehungen erprobten und plötzlich viel aufrechter tanzten. »Ich wollte schon lange Tango lernen«, berichtet eine Teilnehmerin, »Ich bin total froh, daß ich heute so einen leichten Einstieg fand.«

Ich war sehr erstaunt, daß die Menschen sich getraut haben, nicht nur öffentlich erste Schritte in einem unbekannten Tanz zu wagen, sondern zusätzlich das Hindernis mit der Augenbrille akzeptierten. Zur Ermutigung habe ich selber eine Augenbrille aufgesetzt und eingeladen, den Unterschied zu spüren zwischen einer Oberkörperdrehung, wenn ich aufrecht stehe oder wenn ich versuche, gleichzeitig meine Füße zu beobachten. So konnten wir sofort gemeinsam erfahren, wie viel mehr Bewegungsfreiheit man erhält, wenn die vermeintliche Kontrolle wegfällt: »Mache ich alles mit den Füßen richtig?« Für den Tanz mit vielen Paaren auf engem Raum haben wir einen Spezial-Tango entwickelt, bei dem jedes Paar wie bei der

Salsa oder der Chacha immer innerhalb einer festgelegten Fläche bleibt. Innerhalb dieses Raums konnten die Teilnehmer gefahrlos mit Drehungen und kleinen Kombinationen experimentieren.

Ich freue mich, daß sich so viele Menschen auf das Experiment eingelassen und mit mir zusammen erforscht haben, worauf es in der gemeinsamen Bewegung wirklich ankommt. Sehende, Sehbehinderte und Blinde aus Berlin, Dresden, Hamburg und anderen Orten gaben mir den Vertrauensvorschuß für die gemeinsame Arbeit. Ohne die fachkundige Anleitung und Unterstützung der Blindentrainerin Michaela Schwarz wäre der Kurs nicht möglich gewesen. Besonders gefreut habe ich mich über die Anfrage von Ralf Sartori, der in München einen Kurs für Blinde anbieten wollte und dazu noch ein paar Hinweise suchte. Ich weiß, daß es in anderen Städten wie Köln ähnliche Aktivitäten gegeben hat. Es wäre wünschenswert, wenn wir uns in Zukunft noch stärker dazu austauschen und so die Idee des »Lernen durch Spüren« weiterverbreiten.

Ugne Metzner trifft für mich den Nagel auf den Kopf: »Egal, ob blind oder sehend, wichtig ist es, im Moment zu leben.« (*siehe Artikel »Tango Blind Date« von Elke Koepping, Tangodanza Nr. 4, 2011*)

Tangotänzer mit allen Sinnen auf Weltreise

Wenn man einen Mann in einer Arbeitsgruppe der theoretischen Biophysik an der Humboldt-Universität kennenlernt, dann vermutet frau nicht sofort, daß er sich auch fürs Tanzen erwärmen kann. Doch als Julie Krainau ihrem Freund und Kollegen Gerold Tangotanzen vorschlägt, ist er sofort einverstanden. Unter einer Bedingung: Der Kurs muß seine eingeschränkte Sehfähigkeit berücksichtigen. Julie recherchiert im Internet und stößt auf TangoBlindDate – Ein Tangokurs für Sehende und Sehbehinderte. Im Interview berichten die beiden über blindes Führen und Folgen und über eine anschließende Weltreise.

SUSANNE: *Julie, wieso wolltest du Tangotanzen?*

JULIE: Also eigentlich war ich der Meinung, daß Tanzen nicht so mein Ding ist. Ich hatte ein paar Standardstunden gehabt und fand das viele Auswendiglernen von Schritten ziemlich mühsam. Doch eine Freundin in England hat viel vom Tango geschwärmt und behauptet, das würde mir sicher Spaß machen. Ich war dann bei einem Uni-Kurs und fand es erstaunlich anders und habe mich von der Begeisterung für den Tango anstecken lassen. Deswegen wollte ich dann mit Gerold unbedingt Tango tanzen.

GEROLD: Ich hatte auch ein bißchen Standard-Erfahrung und mochte die Musik des Tango Argentino. Allerdings kam der Uni-Kurs mit 20 Paaren in einem relativ kleinen Raum für mich nicht in Frage. Aber dann hat Julie den richtigen Kurs für uns gefunden.

SUSANNE: *Gerold, kannst du kurz beschreiben, wie sich deine Sehfähigkeit in den letzten Jahren verändert hat?*

GEROLD: Zu Beginn meines Physik-Studiums konnte ich noch von der Tafel mitschreiben, aber mit der Zeit wurde das immer schwieriger und ich mußte meine Aufzeichnungen von Mitstudenten übertragen. Jetzt kann ich noch Konturen wahrnehmen, wenn der Kontrast ausreichend ist, aber beim Lesen mit der elektronischen Lupe verschwimmen die Buchstaben sehr schnell. Deswegen lerne ich derzeit die Blindenschrift.

SUSANNE: *Könnt ihr euch an die ersten Eindrücke beim Tangotanzen erinnern? Immerhin liegen die jetzt über zwei Jahre zurück.*

GEROLD: Es prasselte am Anfang unglaublich viel auf mich ein: die Musik, die möglichen Bewegungskombinationen, die Zusammenarbeit mit der Partnerin und das auch noch bei laufend veränderter Orientierung im Raum. Am Anfang haben mich meine etwas zu großen Schuhe gestört. Als mir glaubhaft versichert wurde, daß große Schuhe kein Problem sind, habe ich auch in diesen Schuhen zu tanzen gelernt. Ich fand es zudem sehr anstrengend, dauernd zu entscheiden, was ich führe und wie ich das meiner Partnerin vermittle.

JULIE: Ich fand es toll, daß wir am Anfang viel Zeit hatten, um den Kontakt zur Musik, zum Partner und zum Raum zu erforschen. Wir konnten uns durch das »einfache« Gehen viel stärker auf die Kommunikation konzentrieren. Das hat mir sehr geholfen, mich führen zu lassen.

SUSANNE: *Was hat euch motiviert, weiterzumachen?*

GEROLD: Es hat mich fasziniert, wie sehr Kleinigkeiten in der Kommunikation zwischen den Partnern plötzlich eine so große Wirkung in der Harmonie der gemeinsamen Bewegung entfalten können. Am Anfang war ich schon froh, wenn ich irgendwie in die Bewegung hinein- und wieder aus ihr herausgekommen bin, aber es fühlte sich nicht so gut an. Und dann habe ich dies oder jenes probiert und variiert und plötzlich fühlte es sich ganz anders an – das lag oft nur an einer winzigen Körperdrehung.

SUSANNE: *Im Alltag führt Julie viele Bewegungen, wie beispielsweise beim Wandern oder Tandemfahren. Wie hat sie sich als Folgende gemacht?*

GEROLD: Ja, sonst ist es natürlich Julie, die für Sicherheit und Überblick sorgt. Beim Tanzen hat es immer dann besonders gut geklappt, wenn sie selbst die Augen geschlossen hat. Dann wußte ich, daß sie sich gut darauf einläßt und voll konzentriert ist.

SUSANNE: *Nach einem Jahr Tango-Kurs seid ihr auf Weltreise aufgebrochen, die erste Etappe führte durch Lateinamerika. Wie verlief eure Route?*

JULIE: Wir sind in Costa Rica an der Karibik-Küste gestartet und haben uns dort erst einmal vom Streß der zurückliegenden Master-Arbeit erholt. Ein kolumbianischer Freund hatte uns kurz vor der Reise noch überzeugt, daß wir unbedingt Kolumbien bereisen müssen, und uns nach Bogota eingeladen. Seine Familie hat uns sehr herzlich aufgenommen und viel von Kolumbien gezeigt. Von dort ging es über Peru nach Chile, wo wir über die Anden Bariloche in Patagonien erreichten. Buenos Aires war eine der letzten Stationen dieser Etappe und ein Ziel, auf das wir uns schon lange gefreut hatten.

SUSANNE: *Eine Reise ist für die meisten Menschen in erster Linie ein optisches*

Erlebnis. Wie schafft man es, sich ohne Sehen alle paar Tage in einer neuen Umgebung zurechtzufinden?

JULIE: (Lacht) Ja, das war kein Urlaub, sondern eine Reise! Letztendlich war unsere Vorgehensweise nicht viel anders, als wenn wir in Berlin unterwegs sind, nur daß auf der Reise die Wege oft unregelmäßiger waren und die Umgebung komplett neu. Wenn wir unterwegs sind, ist es vor allem wichtig, daß ich aufmerksam und gut auf bestimmte Dinge wie unregelmäßige Stufen, Engstellen, große Steine oder Kopfhindernisse hinweise beziehungsweise drum herum führe. Erst dann beschreibe ich markante Dinge und danach die interessanten Details. Manchmal habe ich mich dabei auch etwas in den Details verloren. Zum Beispiel konnte ich nicht anders als begeistert auf jeden Straßenhund hinzuweisen, was Gerold bald ziemlich amüsant fand. Meist war ich von den vielen visuellen Eindrücken eingenommen, so daß ich Hintergrundgeräusche und Gerüche nur noch am Rande wahrgenommen habe. Gerold hat mich oft auf Musik oder Geräusche aufmerksam gemacht, die mir sonst komplett entgangen wären.

SUSANNE: *Wie hilfsbereit waren die Menschen unterwegs?*

JULIE: Ich denke, daß in Lateinamerika meistens der Blindenstock erkannt wurde, aber in Asien nicht immer. Das lag wahrscheinlich auch daran, daß wir in Asien als westliche Touristen wahrgenommen wurden und man den Stock somit vielleicht als Wanderstock interpretierte. Aber auch in Berlin wird der Stock nicht immer richtig erkannt. Außerdem konnte es vorkommen, daß erst nur mit mir gesprochen wurde, aber das passiert in Deutschland durchaus auch.

Schwierig waren Situationen, in denen besorgte Leute helfen wollten und wegen der eingeschränkten sprachlichen Möglichkeiten nicht verstanden, daß ihre Hilfe nicht nötig war. Zum Beispiel als wir im Mekongdelta das Boot wechseln mußten, quasi nur einen großen Schritt auf das andere Boot hatten. Eine präzise Beschreibung wäre hilfreich gewesen, aber Gerold auf das Boot zu ziehen beziehungsweise zu schieben war eher gefährlich.

In der überfüllten U-Bahn von Buenos Aires wurde ihm immer ein Platz angeboten und mir sogar manchmal auch. Die meisten Blinden und auch den einzigen Blindenführhund auf der ganzen Reise haben wir in der Innenstadt von Santiago de Chile gesehen.

SUSANNE: *Lateinamerika ist auch ein Kontinent der Musik und des Tanzens. Wo habt ihr getanzt?*

JULIE: In Kolumbien wurde viel getanzt. Als wir in Bogota abends einmal spazieren waren, hat auf einem Platz eine Gruppe Jugendlicher zu Musik aus einem CD-Player

Cumbia getanzt. Auch in ganz normalen Bars konnte es immer wieder passieren, daß plötzlich Salsa gespielt wurde und alle getanzt haben.

In Buenos Aires hatten wir nur eine Woche und wollten so viel wie möglich von der Stadt sehen. Buenos Aires war für uns sehr entspannt, fast europäisch, aber immer noch exotisch genug. Endlich gab es wieder breite Bürgersteige. Wir sind sehr viel spaziert, besonders gern durch San Telmo. Außerdem hat das Teatro Colon mich begeistert, das nach langen Renovierungen endlich wieder geöffnet hatte.

SUSANNE: *Gerold, beschreib doch bitte Buenos Aires in Gerüchen, Geräuschen und Geschmack?*

GEROLD: Wir sind am Bahnhof Retiro angekommen und ich werde nie die Mischung der Düfte vergessen aus den Garküchen, die vornehmlich Fleisch zubereiteten, mit den der zwischen ihnen aufgetürmten Müllhaufen. Buenos Aires erschien mir ein bißchen wie Berlin: eine faszinierende Mischung aus Schönem und Häßlichem.

Musikalisch war es auch ein Wechsel: Im Rest von Lateinamerika beherrschen ja vorwiegend die Musica Tropical und Reggaeton die Straßen und Plätze. In Buenos Aires war alles etwas europäischer. Zum Tanzen waren wir in einer ehemaligen Fabrikhalle in Palermo. Die Nachmittags-Milonga war bereits zu Ende und dann wurde jede Menge Chacarera gespielt und getanzt.

Buenos Aires ist auf jeden Fall noch mindestens eine Reise wert, dann allerdings mit Tangoschuhen im Gepäck!

Susanne Langer

Zu den Bildern:
Die Photos im Artikel stammen von Wolfram Spaete. Aufgenommen wurden sie im Stadtpark Schöneberg auf der Veranstaltung »Schöneberg tanzt auf der Carl-Zuckmayer-Brücke«. Die Einladung zum Tanz ging am Samstag, den 31. August 2013 an alle, die über die Carl-Zuckmayer-Brücke schlenderten. Die Dezentrale Kulturarbeit Tempelhof-Schöneberg lud ein, den Spätsommer bei Musik und einem Cappucino oder Rotwein ausklingen zu lassen.

REDAKTION UND HERAUSGABE
SOWIE DAS VERZEICHNIS
ALLER TEXT- UND BILDAUTORINNEN

Photo: Judith Schwyter

Redaktion und Herausgabe

Diese Tangobuch-Reihe erscheint von 2014 an jährlich mit einem weiteren Band im Münchner **Allitera Verlag.** Herausgeber und Redakteur ist Ralf Sartori.

Hierzu werden laufend Autoren-Beiträge gesucht, sowohl aus den professionellen Bereichen des Tango vom Rio de la Plata als auch von nicht professionellen Tango-TänzerInnen und -LiebhaberInnen, in Form von Artikeln, Essays, Aufsätzen, Reportagen, Interviews und sonstigen Sachtexten wie auch künstlerischen Beiträgen in Literatur, Photographie, Zeichnung und Malerei.

Bewerbungen bitte an die Redaktion unter Mail: nymphenspiegel@aol.com, oder Tel: 0049 (0) 89 56 48 37 bzw. 0172 827 55 75.

Die 27 Text- und BildautorInnen dieses Bandes

S.E. Daniel Adán Dziewezo Polski, Botschafter der Argentinischen Republik in Deutschland, geb. am 7. Mai 1950, verheiratet, zwei Kinder, eine Enkelin, Sprachen: englisch, deutsch.

Curriculum Vitae:

Ministerium für Auswärtige Beziehungen und Kultus

Oktober 2010–Juli 2013: Direktor für Asien und Ozeanien, Unterstaatssekretariat für Außenpolitik, Staatssekretariat für Auswärtige Beziehungen

2004–2010: Botschafter der Argentinischen Republik in Japan

2002–2003: Unterstaatssekretär für Wirtschaftsintegration und Mercosur, Staatssekretariat für Handel und Internationale Wirtschaftsbeziehungen

2001–2002: Direktor für Amerikanische Wirtschaftsintegration, Unterstaatssekretariat für Wirtschaftsintegration und Mercosur, Staatssekretariat für Handel und Internationale Wirtschaftsbeziehungen

1999–2001: Direktor für Nordamerika, Unterstaatssekretariat für Wirtschaftsintegration und Mercosur, Staatssekretariat für Handel und Internationale Wirtschaftsbeziehungen

1995–99: Generalkonsul und Leiter des Zentrums für argentinische Wirtschaftsförderung in Frankfurt am Main (Deutschland)

1993–95: Direktor für Außenhandelsstrategien, Unterstaatssekretariat für Internationalen Handel, Staatssekretariat für Handel und Internationale Wirtschaftsbeziehungen

Staatssekretariat für Außenhandel und Internationale Wirtschaftsverhandlungen, Ministerium für Wirtschaft

1987–93: Direktor des Büros für Exportförderung der Argentinischen Republik in New York (USA)

1984–1986: Direktion für Exportförderung

1979–1983: Botschaft der Argentinischen Republik in Deutschland, Handelsabteilung

1975–1978: Nationaldirektion für Bilaterale Handelsverhandlungen

Juan Dietrich Lange, Tango-Pionier und Ethnologe, ist Initiator der Tango Argentino–Bewegung ab den 1980er Jahren in Deutschland. Unmittelbar nach seiner Mitarbeit am Horizonte-Festival 1982, das als Auftakt der »neuen deutschen Tangowelle« gilt, beginnt Lange in Berlin Tangotanz zu unterrichten. Zahlreiche Tangolehrer in Deutschland haben bei ihm begonnen. Mit der Ausbildung von Tangolehrern sorgt er seit 1985 für Multiplikatoren des Tango in beinahe allen deutschen Großstädten. Mehr zu ihm auf Wikipedia unter http://de.wikipedia.org/wiki/Juan_D._Lange

Kontakt über www.estudiosudamerica.de

Michael Rühl, geb. 1959 in Berlin-Schöneberg, wohnt in Berlin Prenzlauerberg, tanzt Tango seit 1984, spielt Saxophon in einer Ska-Band (Blechreiz), sammelt Tangomusik seit 1985, unterrichtet ihn seit 1986 und praktiziert Yoga. Er war 15mal in Buenos Aires, hat drei Jahre Musikethnologie studiert, ohne Abschluß, ist Begründer und Leiter des Berliner Tangofestivals. Zudem jobbt er immer mal wieder als LKW-Fahrer.

Kontakt unter Mail: tangodisco@gmx.li

Paulina van Bakel: Die persönlichen Angaben zu ihr befinden sich im Anschluß an das Interview mit Michael Rühl.

Kontakt unter Mail: paulinabaila@web.de

Jörg Buntenbach arbeitet und lebt in Berlin. In Zusammenarbeit mit dem Photographen Jörg Hesse schrieb er 2001 das Buch »Tango Metropole Berlin«. Darüber hinaus hat er Artikel und Texte für verschiedene Kulturzeitschriften verfaßt, arbeitete als Drehbuchautor und produzierte die Tango-CDs »Tangobar im Jazzklub b-flat, Berlin« und »b-flat Milonga«. Er ist Herausgeber der Onlinemagazine tangokultur.info und modekultur.info. Im Herbst 2014 erscheint sein neues Buch »Mode Metropole Berlin«. Nicht zuletzt engagiert er sich in der »Europäischen Föderalistischen Partei (EFP)« für die Schaffung der Vereinigten Staaten von Europa.

Ute Neumaier lebt und arbeitet seit 2004 in Buenos Aires. Die deutsche Tangolehrerin und Übersetzerin schreibt bereits seit 2009 für Tangodanza über die verschiedenen Gesichter des Tango, den sie seit vielen Jahren begeistert lehrt und lebt. Sie gehörte zum Unterrichtsteam der Academia de Tango Milonguero von Susana Miller und Maria Plazaola und unterrichtet heute in Deutschland und Dänemark sowie in Buenos Aires im »Luna LLena« und »Cielo de Tango«. Im Tangobereich arbeitete sie als Übersetzerin u. a. für die argentinische Zeitschrift Tangauta und für den Filmproduzenten German Kral. Ute Neumaier organisiert seit 2012 in Zusammenarbeit mit verschiedenen deutschen Partnern (u. a. Hans Gunia, Darmstadt) Solidaritäts-Milongas zugunsten von argentinischen Straßenkindern. Darüber hinaus ist sie als Dozentin für Übersetzen an der argentinischen Fachhochschule »Lenguas Vivas« in Buenos Aires tätig.

Kontakt: www.soymilonguera.com, Mail: info@soymilonguera.com

Tel.: 156 622 11 78 (Buenos Aires), 0151 181 403 48 (Deutschland)

Martin Flurschütz, wohnt und tanzt Tango zusammen mit seiner Frau vor allem wieder in München, nach vielen Jahren des Lebens in Asien. In fast sechs Jahren Shanghai (2001–2006) und drei Jahren Beijing (2011–2013) haben sie als aktive Mitglieder der dortigen Tangogemeinschaft die Entwicklung des Tango in China begleitet, von den ersten Anfängen bis hin zum heutigen Status. Neben Standard- und Lateintanz seit über 40 Jahren sind sie seit mehr als 15 Jahren dem Tango verfallen, als Tänzer, Martin auch als Musiker und TJ.

Kontakt unter Mail: martin.flurschuetz@t-online.de

Zhang Zimo (Monica), stammt aus Beijing (China), wo sie auch lebt. Als Blues- und Jazzpianistin und -sängerin kam sie vor ca. vier Jahren zum Tango. Begann Tango zu tanzen, und Tangogedichte zu eigener Musik und zu Musik vor allem von A. Piazzolla zu schreiben. Neben Verpflichtungen als Jazzmusikerin viele Auftritte in Milongas und Konzerten zu verschiedenen Anlässen in Beijings Tango-Szene. Erster Auftritt außerhalb Chinas in München. Poem by: 信埇 (Zimo), aus Deep Blue Silence

Kontakt unter Mail: deepbluesilence.com

Ralf Sartori ist Tangolehrer, Tänzer und Veranstalter. Er tanzt den Original-Tango vom Rio de la Plata seit 1988, beriet und choreographierte für Film- und Fernsehen (z. B. für die »Ufa-Filmproduktion«) und gehört zu den Pionieren der Münchner Tango-Szene, wo er 1994 seine erste Schule gründete. Zudem unterrichtete er drei Jahre Tango auf Schloß Elmau und arbeitete mit Schauspielschülern an der Bayerischen Theaterakademie des Prinzregenten-Theaters unter Leitung von August Everding. Er ist Autor von bisher fünf Tangobüchern, von denen ein Titel bereits in drei Sprachen erschienen ist, und seit 2014 auch Herausgeber dieser weltweit ersten Tango-Buchreihe in deutscher Sprache beim Münchner Allitera Verlag. Derzeit Weiterbildung in Systemischer Paartherapie (Istob/München). Mitbegründer der Reihe »Tango in sozialtherapeutischen Kontexten«. Ausführliche Informationen zu all seinen Arbeitsfeldern im Internet unter www.tango-a-la-carte.de. Weitere Personen-Infos auch auf www.de.wikipedia.org/wiki/Ralf_Sartori.

Kontakt: Tel: 089 56 48 37 oder 0172 827 55 75 und Mail: nymphenspiegel@aol.com

Martina Schrötter, geb. 1964, Mutter zweier Töchter, Dipl.-Sozialpädagogin (FH); Studienschwerpunkt »Pädagogische und therapeutische Hilfen mit künstlerischen Mitteln«, Diplomarbeitsthema: »Schöpferische Bildung – Anachronismus oder Zukunftsutopie«. Weiterbildung in Paartherapie (Istob/München). Passionierte Tangotänzerin und Mitbegründerin der Reihe »Tango in sozialtherapeutischen Kontexten.

Kontakt unter Mail: martina@jazzabc.de

Susanne Langer, Coach, Dozentin, Lehrerin und Autorin für die Tangodanza. Was bringt Menschen in Bewegung? Diese Frage zieht sich wie ein roter Faden durch ihre zahlreichen unterschiedlichen Aktivitäten. Ob im Unterricht von Mathematik oder beim Coaching zur Berufsorientierung für Studenten – im Tango findet Susanne oft eine Inspiration als Antwort auf diese Frage. Als Physikerin ist sie fasziniert von der präzisen Biomechanik im Tanzpaar und als begeisterter Fan der aktuellen Hirnforschung findet sie diese Erkenntnisse im Tanzen wieder: Beispielsweise den erstaunlichen Moment, wenn der Folgende einen Schritt macht, an den der Führende nur gedacht hat – und dann verworfen.

Tango ist für Susanne ein Bewegungsesperanto, das Menschen in Dialog bringt, die sich sonst im Leben nie begegnet wären – und vielleicht ohne den Tango keine gemeinsame Sprachen hätten: auf Festivals, auf Reisen oder auf dem Tanzboden der Milonga um die Ecke. Dabei interessieren sie besonders die kleinen Experimente am Rande des Tangos. Gemeinsam mit ihrem Tanzpartner Wolfram Spaete und Freunden aus der Milonga entwickelte sie Tangorueda – eine Begegnung in vier Takten. Bei der Rueda tanzen mehrere Paare im Kreis. Auf Ansage des Cantante werden einfache Figuren und Partnerwechsel synchron getanzt. Begegnung und Kontakt stehen auch im Zentrum von Milongueros der Herzen, der Milonga mit dem argentinischen Milonguero-Charme: Charmante Milongueros lassen sich für drei Tänze auffordern und gewinnen. Tangueras entscheiden, welchen Milonguero sie als nächstes auffordern und wer die Preise gewinnt.

Mit »TangoPoesie« entstand der erste Versuch, Tanz und Theater zusammenzubringen. In einer Collage aus Lesung, Szenischer Darstellung, Tanz und Musik präsentiert Tangopoetry die Texte bekannter Tangos als kleine 7-Minuten-Opern. Unter der Leitung von Andrej Togni spielte sie später in der Tangosatire Tangomaxx – Colgada ist keine Zahnpasta – mit.

In diesem Buch beschreibt sie ihre Erfahrungen im TangoBlindDate – einem Tangokurs für Blinde und Sehende unter der Augenbinde.
Kontakt über www.people2move.com, www.tangopoetry.com

Matthias Helwig, Kinobesitzer dreier Breitwand-Kinos und Festivalleiter des Fünf Seen Filmfestivals
Kontakt und ausführliche Infos unter www.fsff.de

Klaus Hympendahl: »Ich bin geborener Hamburger und lebe in Düsseldorf. Viele meiner Vorfahren waren mit dem Meer verbunden, vom Freizeit-Segler bis zum Tanker-Kapitän. Salzwasser fließt wohl auch in meinem Blut. Von 1986 bis 1991 bin ich um die Welt gesegelt. Habe danach sieben Bücher zu maritimen Themen geschrieben sowie viele Artikel in Segelzeitschriften.

Im Jahr 2008–2009 habe ich die Südsee-Expedition Lapita-Voyage geführt. Ich ließ in den Philippinen zwei identische Nachbauten von traditionellen polynesischen Katamaranen bauen. Mit wechselnder Crew und Wissenschaftlern segelten wir von den Philippinen in den Pazifik – eine Strecke von knapp 8.000 km. Wir waren die Ersten, die den Migrationsweg der Vorfahren der Polynesier von Südost-Asien zu den pazifischen Inseln gesegelt sind. Darüber gibt es einen Terra X Film im ZDF sowie das Buch ›Die Lapita-Expedition‹.

Meine Berufsjahre habe ich in der Werbung verbracht. Ich war Texter und später Kreativ-Direktor in großen deutschen Werbeagenturen. Anfang der 80er Jahre hatte ich meine eigene Werbeagentur.

Zum Tango bin ich als alter Rock 'n' Roll-Tänzer erst spät gekommen. Aber dafür intensiv. Habe vier Mal Buenos Aires besucht und mich in die Stadt verliebt. Ich schreibe seit acht Jahren für die Zeitschrift Tangodanza.«
Kontakt: Wildenbruchstr. 75, 40545 Düsseldorf, Tel. +49 (0) 211–5570119, Mobil: +49 (0) 175 625 9429, Webseite: www.Lapita-Voyage.org

Karin Klug, geboren 1964 in Graz. Psychologin, Autorin, Katzenliebhaberin und begeisterte Tangotänzerin. Seit 2006 selbständig tätig. Schreibt über Psychologisches & Alltägliches, meist in Form von Erzählungen, Miniaturen, Gedichten, Portraits & Kolumnen (www.karinklug.at). Betreibt seit 2013 zusammen mit Richard Büttgen die Tango-Graz-Homepage (www.tango-graz.at).

Maria Schmidt ist auf der Insel Reichenau im Bodensee aufgewachsen und nach einigen Zwischenstationen in München gestrandet. Nahezu zwei Jahrzehnte arbeitet sie als selbständige Designerin und verwirklicht Frauenträume auch in Tangokleidern. Das Schreiben liebt sie, weil sie auf diese Weise ebenfalls die Wahrheit umhüllen kann.

Kontakt: Textiles design, Maria Schmidt, Paulanerplatz 1, 81669 München, Tel/Fax +49 (0) 89 486147, mobil +49 (0) 178 479 42 23, Mail: textiles.design@gmx.de, Internet: www.textiles-design.de

Judith Schwyter, Journalistin und Filmemacherin. Ihr Dokumentarkurzfilm MY FIRST TANGO, von dem ihr Artikel in diesem Buch handelt, ist online erschienen auf www.my-first-tango.com
Kontakt: Tel: 0049 (0) 152 235 13006, Internet: www.judithschwyter.net, www.my-first-tango.com, www.facebook.com/myfirsttango

Frank-Rüdiger Berger, Theaterwissenschaftler mit Schwerpunkt Ballett; lebt in Berlin, Photographie: Einzel- und Gruppenausstellungen in Berlin, Dresden, Sydney; Photoveröffentlichungen.
Kontakt über www.frberger.de

Julia Otto ist seit 2004 als freischaffende Photographin tätig und realisiert Aufträge aus Bereichen wie Reportage, Architektur, Werbung und Portrait. Sie hat das Bild auf der Umschlag-Rückseite aufgenommen. Dieses entstand im Mai 2002 auf einem Tangofest im Ballhaus Rixdorf.
Kontakt über www.julia-otto.net

Javier Fuentes, 43 und **Nicolas Fernandez,** 25 – **fuentes2fernandez Fotografías –,** Buenos Aires, sind die Newcomer der Tangophotographie. Ihre Bilder sprechen eine ganz eigene Sprache und erzählen vom Tango, vom Theater und von Musicals, doch auch von den Gesichtern, Orten und Ereignissen der komplexen und mitunter verworrenen Realität Argentiniens. Zusammenarbeit mit der Zeitschrift Tangodanza (Deutschland), Reportango (USA) und Divague! (Argentinien). Sie sind die Autoren des Buchtitels »Rostros de un Triunfo«, eine Dokumentation, die als ein für die Förderung und Verteidigung der Menschenrechte bedeutendes Projekt deklariert und im Parlament präsentiert wurde.
Kontakt: www.fuentes2fernandez.com.ar, Facebook: Fuentes2FernadezFotografias, www.rostrosdeuntriunfo.com.ar

Luciana Carnevale, die geborene Porteña photographiert aus Leidenschaft. Sie studiert an der Universidad del Salvador in Buenos Aires Kunstgeschichte und im Centro Cultural Recoleta mit Roberto Camarra und Alejandro Lipszyc Photographie. Als Schülerin von Carlos Perez und als Milonguera war es ihr bei diesen Bildern ein großes Anliegen, die besonderen Momente und Stimmungen in der Sunderland-Práctica einzufangen.
Kontakt unter Mail: lu_carnevale@hotmail.com

Ezequiel Jesús Flores, Freischaffender Photograph, Buenos Aires, Argentinien,
Kontakt über www.ezequieljesusflores.com

Gonzalo del Carril, Buenos Aires, Freischaffender Photograph, Offizieller Photograph bei der 2. und 3. Campeonato Europeo de Tango
Kontakt unter Mail: gondelcarril@hotmail.com

Michael Grasmann, Photographie
Kontakt: Katzlerstr. 15, D – 10829 Berlin, Tel: 0172 562 01 70
Mail: migra.photo@gmx.net, Internet: www.michael-grasmann.de

Alexander Mága, freischaffender Künstler, im Buch mit Photographien vertreten.
Kontakt über www.amaga.de

Harald Keller hat das Titelbild auf der Umschlag-Vorderseite aufgenommen und ist auch im Buch mit weiteren Photographien vertreten.
Er ist Photograph und Religionswissenschaftler/Indologe. Ausgedehnte Reisen führten ihn nach Indien, Ägypten, Chad, Libyen, Libanon und Kambodscha. Er veröffentlichte in Geo, Spiegel, International Media Alliance, Stern.de, Photobüchern (Galileo Press), wissenschaftlichen Publikationen (Egyptian Antiquities), kommerziellen Bereichen (Mercedes, hatte Ausstellungen im Auswärtigen Amt Berlin/Zentralafrika und dokumentierte im Auftrag der Bundesregierung in Indien (»Kulturwelten« Maharajapaläste. Seine Themen konzentrieren sich auf den Menschen und sein Lebensumfeld. Gegenwärtig liegt sein Schwerpunkt auf Portrait- und Tanzphotographie.
Kontakt und weitere Infos über www.haraldkeller.com, Mail: keller_harald@hotmail.com

Golbarg Zolfaghari, hier im Buch mit Photographien vertreten.

Wolfram Spaete, hier im Buch mit Photographien vertreten.

Tango-Literatur von Ralf Sartori

Tango – die einende Kraft des tanzenden Eros ist August 2010 in überarbeiteter und erweiterter Auflage ebenfalls im **Allitera Verlag** erschienen, mit 232 Seiten, unter ISBN **978-3-86906-132-0**. Tango als Metapher in Bewegung für die Ideale der erotischen Liebe, zum anderen – Spiegel von Persönlichkeit und Charakter der Tanzenden sowie der Muster des tatsächlichen Beziehungsverhaltens und Kommunizierens. In diesem Spannungsfeld umkreisen und durchwandern die darin enthaltenen Essays in analytischer, aber auch poetisch-philosophischer Weise das »Parkett des Tangos«, die »Bühne des Eros«. Dieses Buch wurde durch Vermittlung der Schriftstellerin Luise Rinser 1999 im Heinrich Hugendubel Verlag erstveröffentlicht. Es enthält im ersten Kapitel eine Sammlung von Analysen und Betrachtungen zu Geschichte und Ausbreitung des Original-Tangos vom Rio de la Plata, vor allem aber seiner philosophischen, spirituellen und soziopsychologischen Aspekte. Der zweite Teil durchstreift – in einem langen Essay der Musikwissenschaftlerin Dr. Petra Steidl – die universale Ideenwelt des Eros. Die Erstausgabe ist mittlerweile ein Klassiker der Tangoliteratur und wurde bereits in mehrere Sprachen übersetzt.

Tango – Tanz der Herzen / Ein Unterrichtsbuch zum Argentinischen Tango ist beim **Kleb Verlag / Wangen im Allgäu** 2009 mit der ISBN **3-9803795-6-6** bereits **in fünfter Auflage** erschienen, Hardcover, 144 Seiten.

Dieses Unterrichtsbuch empfiehlt sich allen, die gerne noch tiefer einsteigen möchten in die tanztechnische Dimension des Argentinischen Tangos. Es erklärt die technischen Aspekte des Tangos in aller Ausführlichkeit und enthält auch zahlreiche leicht verständliche Übungsanleitungen, um sich unterrichtsbegleitend die elementaren Ebenen dieses Tanzes zu erarbeiten. »Tango – Tanz der Herzen« ist seit seinem Ersterscheinen 1999 bereits in 5. Auflage erschienen und bis heute das einzige Unterrichtsbuch zum Argentinischen Tango geblieben. Aufgrund der anhaltenden Nachfrage hat es sich als eine Art »Standardwerk« für diesen nicht standardisierbaren Tanz auf dem Buchmarkt etabliert. Das reichlich bebilderte Werk stellt auch das auf Ganzheitlichkeit ausgerichtete Unterrichtskonzept von »Tango à la carte«, der Schule für Argentinischen Tango in München und für das Fünf-Seen-Land vor und kann als Arbeits- und Übungsbuch zum vorangehend beschriebenen Titel verwendet werden.

Tango in München / Geschichte und Gegenwart der Münchner Tango-Szene erschien 2007 im **München Verlag**, mit 150 Seiten, vielen Farb- und einigen Schwarz-Weiß-Fotos im Festeinband, Format: 20 x 25 cm, unter ISBN **978-3-937090-21-4**.

Dieses Werk ist Ralf Sartoris viertes Tango-Buch: Darin wird die 20-jährige Geschichte der Münchner Tango-Szene erzählt, gründlich und lückenlos recherchiert, anekdotenreich und unterhaltsam – aus einer Insider-Perspektive. Das Buch bündelt die wesentlichen Informationen, enthält die Kontaktdaten aller Anbieter, deren Veranstaltungen sowie die dazugehörigen Adressen und bietet Orientierungshilfe für die Wahl der passenden Schule, da es die Münchner Tango-Lehrer(innen) kenntnisreich porträtiert. Auch die Tangomusiker und -Orchester der Stadt werden darin vorgestellt.

Tango: Die Essenz, 49 Maximen für den tanzenden Eros, ISBN: 978-3-943835-69-4, mit 192 Seiten, gibt es seit September 2013 in einer **Print-Version**, d. h. als Taschenbuch im klassischen Sinne. Erschienen bei **dot.books München**, ist es regulär im Buchhandel und über die üblichen Internet-Großhändler wie Amazon, erhältlich.

Die Buch- und Bestellangaben für die **eBook-Variante:** »Tango: Die Essenz, 49 Maximen für den tanzenden Eros«, mit der ISBN: 978-3-943835-68-7, 172 Seiten, kann auch als eBook über das Internet bezogen werden, unter dem Verlags-Link: www.dotbooks.de/e-book/199226/tango-die-essenz.

Zum Inhalt: Anregung zu seinem bisher fünften Tango-Buch fand Ralf Sartori in seiner grundsätzlichen Unterrichts-Erfahrung, daß es nicht möglich ist, über die verschiedenen Aspekte der Tango-Technik zu sprechen, ohne dabei unwillkürlich einen Subtext mit essentiellen philosophischen Aussagen, insbesondere zu einer ideellen Form des Eros, zu aktivieren und mit ins Spiel zu bringen, die den Tango durch und durch auszeichnet. So geht es in diesem Buch um die Essenz des Tangos, es zeigt die dem Tanz eingeschriebene Weisheit auf der Grundlage detailgenauer Beschreibungen der Elemente, Prinzipien und Wirkungszusammenhänge in dessen Bewegungsarchitektur auf, wobei sich auch seine besondere Wesensnatur und seine Einzigartigkeit erschließen. Letztlich kommt hierbei der Tango selbst zu Wort: als möglicher Lehrer für die Kunst des Lebens und die Kunst, in Beziehung zu sein. Die fachlich profund dargestellten Inhalte werden literarisch bildhaft und essayistisch packend präsentiert. Und wie nebenbei spannt sich dabei der Bogen der Geschichte des Tangos durch das Buch, von seinem Ursprung bis in die Gegenwart hinein, pendelnd zwischen der »La-Plata-Region« und dem Rest der Welt.

Und noch eine Buchreihe

»Die Neue Isar«,
eine Unterreihe des »Nymphenspiegel«

befaßt sich ebenfalls in ganzheitlicher Weise, genreübergreifend mit dem gesamten Aspekte-Fächer von Flüssen. Darin geht es an zentraler Stelle um das Thema »Renaturierung«, wie auf persönlicher Ebene um die menschliche Beziehung zu – sowie die Wechselwirkung mit ihnen, aktuell und im Wandel der Zeit. Beispielhaft hierfür beschreiben die ersten Bände die Renaturierungs-Vorreiterprojekte auf diesem Gebiet an der »Oberen Isar« sowie den sog. »Münchner Isarplan«. So wächst von Band zu Band ein nie dagewesener Wissenspool zu sämtlichen Isar-Aspekten, in dem auch gesellschaftliche, künstlerische und biographische ihren Platz finden. »Die Neue Isar, Renaturierung, kulturelle Öffnung und Ideen-Fluß, Geschichtliches wie Literarisches« erscheint bei Buch&media, Herausgegeben von Ralf Sartori.
Mehr unter www.die-neue-isar.com

Band 1 mit der ISBN 978-3-86520-381-6, 192 Seiten und zahlreichen Abbildungen für 18,90 Euro schildert Vorgeschichte und erste Schritte in Richtung Fluß-Renaturierung an der Isar, ausgehend von der Umweltbewegung der 1980er Jahre, aus der die »Isar-Allianz« hervorging. Diese setzte Mitte der 1990er Jahre im Mühltal, südlich Münchens, im Zusammenhang mit anstehenden Neu-Konzessionierungen von Wasserkraftwerken unter großen Widerständen seitens Politik, Verwaltungen und Betreibern die ersten Maßnahmen durch. Später brachte sie das Renaturierungsvorhaben auch in München wieder zurück auf die Agenda und wirkte dort als treibende Kraft der Umsetzung.

Band 2, das Buch zum »Isarplan« in München, Teil 1 mit der ISBN 978-3-86520-390-8, 240 Seiten für 19,90 Euro beinhaltet neben weiteren isarfachlichen, -historischen wie -literarischen Aspekten Eigenbeiträge der am Isarplan beteiligten Behörden und Planungsbüros, der Isar-Allianz sowie unabhängiger Naturschützer und Umweltaktivisten.

Band 3, das Buch zum »Isarplan« in München, Teil 2, mit der ISBN 978-3-86520-427-1, 230 Seiten, für 19,80 Euro ergänzt die bisherigen Darstellungen.

Band 4 mit der ISBN 978-3-86520-447-9, 240 Seiten, für 19,90 Euro eröffnet künftige Perspektiven im naturnahen Rückbau der Isar, vor allem im Münchner Stadtgebiet und erweitert die Themenpalette dieser Reihe auf andere Flüsse.